北京大學圖書館藏"大倉文庫"書志

北京大學圖書館 編

（三）

中華書局

子部

（續）

能改齋漫録十八卷

清康熙鈔本
DC0143六册

宋吴曾纂。

吴曾，字虎臣，宋撫州崇仁人。官至吏部郎官。

書高27釐米，寬16.8釐米。版框高19.1釐米，寬14釐米。每半葉十行，行二十字。綠欄，白口，四周單邊。清諱避至"玄"字。

卷一首葉第一行題"能改齋漫録卷第一"，第二行題"臨川吴曾虎臣纂"，第三行起正文。

卷八鈔補，卷十二首、卷十八尾鈔補數條，書首鈔補"武英殿聚珍版能改齋漫録提要"。後有目録。

有朱墨筆校。卷五末朱筆題"辛卯三月廿有二日稗齋校一過"。卷十末朱筆題"辛卯三月望前稗齋校一過"。卷十四末朱筆題"辛卯三月十二日石渠校一過"。卷十八末朱筆題"辛卯三月十日石渠校一過"。書中鈐"淡翁"、"謙牧堂藏書記"、"謙牧堂書畫記"、"大倉文化財團藏書"朱印。

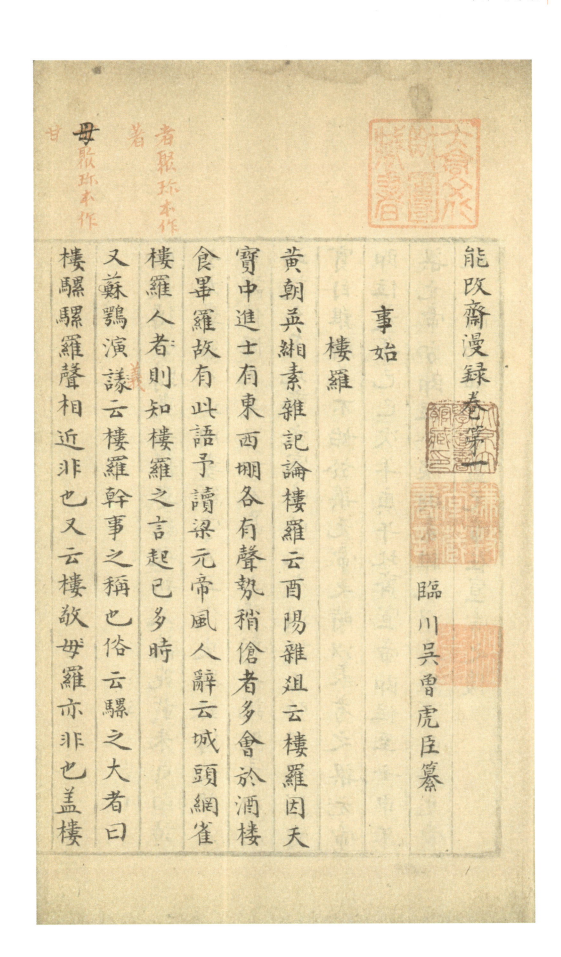

能改齋漫錄卷第一

臨川吳曾虎臣纂

事始

樓羅

黃朝英緗素雜記論樓羅云酉陽雜俎云樓羅因天
寶中進士有東西棚各有聲勢稍儋者多會於酒樓
食畢羅故有此語予讀梁元帝風人辭云城頭網雀
樓羅人者則知樓羅之言起已多時
又蘇鶚演義談云樓羅幹事之稱也俗云騾之大者曰
樓驟驟羅聲相近非也又云樓敬毋羅亦非也蓋樓

通雅五十二卷卷首三卷

清康熙丙午（五年，1666）刻本

DC0164二函十四册

清方以智輯著。

方以智（1611—1671），字密之，號曼公，又號鹿起、龍眠愚者等，安徽桐城人。崇禎十三年進士，官至工部觀政、翰林院檢討。

書高27釐米，寬17.6釐米。版框高21.3釐米，寬13.5釐米。每半葉十行，行二十四字，小字雙行，字數同。白口，單黑魚尾，四周單邊。魚尾上方記"通雅"，魚尾下記卷次、類目及葉次，版心下方記"浮山此藏軒"。内封鎸"方密之先生手輯/姚經三先生校定/通雅/本衙藏板"。

卷一首葉第一行題"通雅卷之一"，第二行題"桐山方以智密之輯著"，第三行題"同里姚文爕經三較訂"，第四行起正文。

書首有康熙丙午姚文爕"通雅序"，錢澄"通雅序"，辛巳方以智自序，壬午方以智自序，崇禎癸未方以智"通雅凡例"，姚文爕"凡例六則"，"通雅總目録"。

書中鈐"闕里子毓喬崍山氏之章"、"翼軒藏書"、"大倉文化財團藏書"朱印。

通雅卷之一

桐山方以智密之輯著

同里姚文燮經三較訂

疑始　專論古篆古音

疑始

副墨洛誦推至疑始始作此者自有其故不可不知不
可不疑也世變則易形音變者轉也變極反

本且以今日之音徵唐宋兩漢徵三代古人多引方
言以左證經傳方言者自然之氣也以音通古義之原

也若後世已成之義則諸儒
辯難已著典要但須考耳

古窹即悟○悟字不見六經昉于西乾乎黃帝經云神乎神耳

不聞目不明心開而志光慧然獨悟若風吹雲然不必此也子

思曰吾嘗深有思而莫之得也于學則寤焉寤即悟也悟者吾

通雅　卷之一　疑始篆音　一　孚山此藏于

卮林十卷補遺一卷

明崇禎十六年（1643）刻本

DC0126十册

明周嬰纂。

周嬰，生卒年代不詳，字方叔，福建莆田人。明崇禎十三年（1640）進士，曾授上猶知縣。

書高25.5釐米，寬15.6釐米。框高19.5釐米，寬13.5釐米。每半葉十行，行二十二字。白口，單黑魚尾，四周單邊。魚尾上方記"卮林"，下方記卷次，版心下記葉次。

卷一首葉第一行題"卮林卷之一"，第二行題"莆田周嬰方叔纂"，第三行起正文。

卷首鈔録是書"欽定四庫全書提要"，鈐"四庫著録"朱印記。其後有癸未周嬰撰"卮林小語"及"卮林目録"。

書中鈐"周雪客家藏書"、"東山外史肖岩沈氏珍藏書畫"、"沈闓崑印"、"肖岩藏書之章"、"拜經樓吳氏藏書"、"曾經八千卷樓所得"、"詩家眷屬酒家仙"、"大倉文化財團藏書"朱印。第一册書衣鈐"董康私印"、"課花盦"朱印。

案語：襯葉用《國策異同》等書殘葉。

厄林卷之一

莆田周　嬰方叔纂

質魚

雌水

魚紊魏畧曰漢火行忌水故洛字去其水而加佳魏為

土德土水之牡也水得土而流土得水而柔故雌除佳

而加水

質曰按左傳遷九鼎于雌邑又伊雒之戎會雌戎至于雌

還及雒館雌汭臨上雌周禮豫州川滎雒周代已為雌守

宣終始五德之傳周得火德故周忌水而然乎律歷志以

日知録三十二卷

清康熙乙亥（三十四年，1695）遂初堂刻本

DC0653十二册

清顧炎武撰。

顧炎武（1613—1682），本名絳，字忠清，改名炎武，字寧人，南直隸蘇州府昆山人。明季諸生，入清不仕。

書高26釐米，寬16.8釐米。版框高20釐米，寬15.2釐米。每半葉十一行，行二十二字。白口，單黑魚尾，左右雙邊。魚尾上方記"日知録"，魚尾下方記卷次，又下方記葉次。内封鐫"顧寧人先生著/日知録/遂初堂藏板"，鈐"姑蘇萬賢樓書坊發兑"、"經國大業不朽盛事"朱印記。

卷一首葉第一行題"日知録卷之一"，第二行起正文。

書首有康熙乙亥潘耒"日知録序"，"日知録"目次。

書中鈐"東湖小隱"、"丙午生"、"南州熊氏"、"雲衣道人"、"小峰所藏"、"南州熊氏小峰鑒藏書畫之印"、"大倉文化財團藏書"朱印。

日知錄卷之一

三易

夫子言包義氏始畫八卦不言作易而曰易之興也其於中古乎又曰易之興也其當殷之末世周之盛德邪當文王與紂之事邪是文王所作之辭始名為易而周官大卜掌三易之法一曰連山二曰歸藏三曰周易連山歸藏非易也而云三易者後人因易之名以名之也猶之墨子書言周之春秋燕之春秋宋之春秋齊之春秋周燕齊宋之史非必皆春秋也而云春秋者因晉史之名以名之也

左傳僖十五年戰於韓卜徒父筮之曰吉其卦遇蠱曰千乘三去三去之餘獲其雄狐成十六年戰於鄢陵公筮之

日知録之餘四卷

清道光咸豐間鈔本

DC0127二册

清顧炎武述。

書高29.6釐米，寬17.5釐米。版框高19.9釐米，寬13.8釐米。每半葉八行，行十八字。白口，單黑魚尾，四周單邊。魚尾下方記卷次及葉次。清諱避至"寧"字。

卷一首葉第一行題"日知録之餘卷一"，第二行題"崑山顧炎武亭林氏述"，第三行起正文。

書首有"日知録之餘目"。

書中偶見墨筆批注，有朱筆校。

書根籤條墨題"日知録之餘/二册"，鈐"别下齋書籤印"朱印。書中鈐"生沐秘藏"、"生沐"、"蔣光煦印"、"鷗天"、"大倉文化財團藏書"朱印。

日知錄之餘卷一　　　崑山顧炎武亭林氏述

書法

晉衛恒四體書勢序曰昔在黃帝創制造物有
沮誦蒼頡者始作書契以代結繩蓋觀鳥跡以
興思也因而遂滋則謂之字有六義焉一曰指
事上下是也二曰象形日月是也三曰形聲江
河是也四曰會意武信是也五曰轉注老考是

卷一　　　　　　一

群書拾補

清光緒十三年（1887）上海蜚英館石印本

DC0128一函八冊

清盧文弨輯。

盧文弨（1717—1796），字召弓，一作紹弓，號磯漁，又號檠齋、抱經，晚年更號弓父，人稱抱經先生。浙江仁和人。乾隆十七年一甲三名進士，官至提督湖南學政。

書高19.2釐米，寬12.5釐米。版框高15.3釐米，寬10.9釐米。每半葉十行，行二十一字，小字雙行，字數同。單黑魚尾，白口，左右雙邊。魚尾上方記"羣書拾補"，下方記四部類名及細目，版心下記"抱經堂本"。內封印"群書拾補孟悔高邕書於小逍遙館"，背面有牌記"光緒丁亥十月朔／上海蜚英館石印"。

目錄首葉第一行題"羣書拾補初編目錄"，第二行目錄正文。正文卷首第一行無大題。

書首有庚戌五月嘉定錢大昕序，乾隆五十二年八月丁巳盧文弨撰"羣書拾補小引"，"羣書拾補初編目錄"，"羣書拾補審定善本姓氏"。

書中鈐"大倉文化財團藏書"朱印。

五經正義表

臣无忌等言臣聞混元初闢三極之道分焉醇德既醨

六籍之文著矣於是龜書浮於溫洛爰演九疇龍圖出

於滎河以彰八卦故能範圍天地埏埴陰陽道濟四溟

知周萬物所以七教八政垂炯戒於百王五始六虛貽

徽範於千古詠歌明得失之跡雅頌表興廢之由寔刑

政之紀綱乃人倫之隱括昔雲官司契之后火紀建極

之君雖步驟不同質文有異莫不開茲膠序樂以典墳

敦稽古以弸風闡儒雅以立訓啓含靈之耳目贊神化

之丹青姬孔發揮於前荀孟抑揚於後馬鄭迭進成均

崔東壁先生遺書十九種

清嘉慶二十二年至道光五年（1817—1825）陳履和刻本
DC0864二函十六册

清崔述撰。

崔述（1740—1816），字武承，號東壁，直隸大名府魏縣人。乾隆二十八年舉人，歷任上杭羅源知縣等。

書高24.5釐米，寬15.7釐米。

子目：

1.考信録提要二卷

清道光二年刻本

版框高19.9釐米，寬13.5釐米。每半葉八行，行二十三字。白口，單黑魚尾，四周雙邊。魚尾上方記"考信録提要"，魚尾下方記卷次，又下方記葉次。內封鐫"道光二年刊/考信録提要/遺經樓藏板"。

卷一首葉第一行題"考信録提要卷上"，第二行題"大名崔述東壁著"，下空四格題"石屏門人陳履和校刊"，第三行起正文。

2.補上古考信録二卷

清道光二年刻本

版框高19.1釐米，寬13.2釐米。每半葉八行，行二十三字。白口，單黑魚尾，四周雙邊。魚尾上方記"補上古考信録"，魚尾下方記卷次，又下方記葉次。內封鐫"道光二年刊/補上古考信録/遺經樓藏板"。

卷一首葉第一行題"補上古考信録卷上"，第二行題"大名崔述東壁補考"，下空四格題"石屏門人陳履和校刊"，第三行起正文。

3.唐虞考信録四卷

清道光二年刻本

版框高18.8釐米，寬13.5釐米。每半葉八行，行二十三字。白口，單黑魚尾，四周雙邊。魚尾上方題"唐虞考信録"，魚尾下方記卷次，又下方記葉次。內封鐫"道光二年刊/唐虞考信録/遺經樓藏板"。

卷一首葉第一行題"唐虞考信録卷之一"，第二行題"大名崔述東壁謹考”，下空四格題“石屏門人陳履和校刊”，第三行起正文。

4.夏考信録二卷

清嘉慶二十二年刻本

版框高19.7釐米，寬13.3釐米。每半葉八行，行二十三字。白口，單黑魚尾，四周雙邊。魚尾上方記“夏考信録”，魚尾下方記卷次，又下方記葉次。內封鐫“大名崔東壁先生著/夏考信録/嘉慶廿二年太古縣署中刻”。

卷一首葉第一行題“夏考信録卷之一”，第二行題“大名崔述東壁謹考”，第三行題“受業門人石屏陳履和校刊”，第四行起正文。

5.商考信録二卷

清嘉慶二十二年刻本

版框高19.5釐米，寬13.2釐米。每半葉八行，行二十三字。白口，單黑魚尾，四周雙邊。魚尾上方記“商考信録”，魚尾下方記卷次，又下方記葉次。內封鐫“大名崔東壁先生著/商考信録/嘉慶丁丑二月太古縣署中刻”。

卷一首葉第一行題“商考信録卷之一”，第二行題“大名崔述東壁謹考”，第三行題“受業門人石屏陳履和校刊”，第四行起正文。

6.豐鎬考信録八卷

清嘉慶二十二年刻本

版框高19.7釐米，寬13.4釐米。每半葉八行，行二十三字。白口，單黑魚尾，四周雙邊。魚尾上方記“豐鎬考信録”，魚尾下方記卷次，又下方記葉次。內封鐫“大名崔東壁先生著/豐鎬考信録/嘉慶丁丑二月太古縣署中刻”。

卷一首葉第一行題“豐鎬考信録卷之一”，第二行題“大名崔述東壁謹考”，下空四格題“石屏門人陳履和校刊”，第三行起正文。

7.洙泗考信録四卷

清道光四年刻本

版框高19.7釐米，寬13.2釐米。每半葉八行，行二十三字。白口，單黑魚尾，四周雙邊。魚尾上方記“洙泗考信録”，魚尾下方記卷次，又下方記葉次。內封鐫“大名崔東壁先生著/洙泗考信録/道光四年正月東陽縣署中刻”。

卷一首葉第一行題“洙泗考信録卷之一”，第二行題“大名崔述東壁謹考”，下空二格題“石屏門人陳履和校刊”，第三行起正文。

8.豐鎬考信別録三卷

清道光四年刻本

版框高19.7釐米，寬13.5釐米。每半葉八行，行二十三字。白口，單黑魚尾，四周雙邊。魚尾上方記“豐鎬考信別録”，魚尾下方記卷次，又下方記葉次。

內封鐫"大名崔東壁先生著/豐鎬考信別錄/道光四年正月東陽縣署中刻"。

卷一首葉第一行題"豐鎬考信別錄卷之一",第二行題"大名崔述東壁謹考",下空二格題"石屏門人陳履和校刊",第三行起正文。

9.洙泗考信餘録三卷

清道光四年刻本

版框高19.5釐米,寬13.4釐米。每半葉八行,行二十三字。白口,單黑魚尾,四周雙邊。魚尾上方記"洙泗考信餘録",魚尾下方記卷次,又下方記葉次。內封鐫"大名崔東壁先生著/洙泗考信餘録/道光四年正月東陽縣署中刻"。

卷一首葉第一行題"洙泗考信餘録卷之一",第二行題"大名崔述東壁謹考",下空二格題"石屏門人陳履和校刊",第三行起正文。

10.孟子事實録二卷

清道光二年刻本

版框高19.2釐米,寬13.3釐米。每半葉八行,行二十三字。白口,單黑魚尾,四周雙邊。魚尾上方記"孟子事實録",魚尾下方記卷次,又下方記葉次。內封鐫"道光二年刊/孟子事實録/遺經樓藏板"。

卷一首葉第一行題"洙泗考信餘録卷上",第二行題"大名崔述東壁謹考",下空二格題"石屏門人陳履和校刊",第三行起正文。

11.考古續說二卷

清道光四年刻本

版框高19.5釐米,寬13.4釐米。每半葉八行,行二十三字。白口,單黑魚尾,四周雙邊。魚尾上方記"考古續說",魚尾下方記卷次,又下方記葉次。內封鐫"大名崔東壁先生著/考古續說/道光四年正月東陽縣署中刻"。

卷一首葉第一行題"考古續說卷之一",第二行題"大名崔述東壁著",下空二格題"石屏門人陳履和校刊",第三行起正文。

12.考信附録二卷

清道光四年刻本

版框高19.6釐米,寬13.4釐米。每半葉八行,行二十三字。白口,單黑魚尾,四周雙邊。魚尾上方記"考信附録",魚尾下方記卷次,又下方記葉次。書末有"道光四年東陽縣署中刻"刊記。

卷一首葉第一行題"考信附録卷之一",第二行題"大名崔述東壁著",下空二格題"石屏門人陳履和校刊",第三行起正文。

13.王政三大典考三種

清道光四年刻本

三代正朔通考一卷

版框高19.6釐米，寬13.3釐米。每半葉八行，行二十三字。白口，單黑魚尾，四周雙邊。魚尾上方記"王政三大典考"，魚尾下方題"正朔"，又下方記葉次。內封鐫"大名崔東壁先生著/三代正朔通考/道光四年正月東陽縣署中刻"。

卷一首葉第一行題"三代正朔通考"，第二行題"大名崔述東壁著"，下空二格題"石屏門人陳履和校刊"，第三行起正文。

三代經界通考一卷

版框高19.8釐米，寬13.4釐米。每半葉八行，行二十三字。白口，單黑魚尾，四周雙邊。魚尾上方記"王政三大典考"，魚尾下方題"經界"，又下方記葉次。內封鐫"大名崔東壁先生著/三代經界通考/道光四年正月東陽縣署中刻"。

卷一首葉第一行題"三代經界通考"，第二行題"大名崔述東壁著"，下空二格題"石屏門人陳履和校刊"，第三行起正文。

經傳禘祀通考一卷

版框高19.8釐米，寬13.3釐米。每半葉八行，行二十三字。白口，單黑魚尾，四周雙邊。魚尾上方記"王政三大典考"，魚尾下方題"禘祀"，又下方記葉次。內封鐫"大名崔東壁先生著/經傳禘祀通考/道光四年正月東陽縣署中刻"。

卷一首葉第一行題"經傳禘祀通考"，第二行題"大名崔述東壁著"，下空二格題"石屏門人陳履和校刊"，第三行起正文。

14.讀風偶識四卷

清道光四年刻本

版框高19.8釐米，寬13.4釐米。每半葉八行，行二十三字。白口，單黑魚尾，四周雙邊。魚尾上方記"讀風偶識"，魚尾下記卷次，又下方記葉次。內封鐫"大名崔東壁先生著/讀風偶識/道光四年正月東陽縣署中刻"。

卷一首葉第一行題"讀風偶識卷之一"，第二行題"大名崔述東壁稿"，下空二格題"石屏門人陳履和校刊"，第三行起正文。

15.古文尚書辨偽二卷

清道光四年刻本

版框高19.8釐米，寬13.3釐米。每半葉八行，行二十三字。白口，單黑魚尾，四周雙邊。魚尾上方記"古文尚書辨偽"，魚尾下記卷次，又下方記葉次。內封鐫"大名崔東壁先生著/尚書辨偽/道光四年正月東陽縣署中刻"。

卷一首葉第一行題"古文尚書辨偽卷之一"，第二行題"大名崔述東壁稿"，下空二格題"石屏門人陳履和校刊"，第三行起正文。

16.論語餘說一卷

清道光四年刻本

版框高19.6釐米，寬13.2釐米。每半葉八行，行二十三字。白口，單黑魚尾，四周雙邊。魚尾上方記"論語餘說"，魚尾下記卷次，又下方記葉次。內封鎸"大名崔東壁先生著/論語餘說/道光四年正月東陽縣署中刻"。

卷一首葉第一行題"論語餘說"，第二行題"大名崔述東壁稿"，下空三格題"石屏門人陳履和校刊"，第三行起正文。

17.五服異同彙考三卷

清道光四年刻本

版框高19.7釐米，寬13.3釐米。每半葉八行，行二十三字。白口，單黑魚尾，四周雙邊。魚尾上方記"五服異同彙考"，魚尾下記卷次，又下方記葉次。內封鎸"大名崔東壁先生著/五服異同彙考/道光四年正月東陽縣署中刻"。

卷一首葉第一行題"五服異同彙考卷之一"，第二行題"大名崔述東壁稿"，下空二格題"石屏門人陳履和校刊"，第三行起正文。

18.易卦圖說一卷

清道光四年刻本

版框高19.6釐米，寬13.3釐米。每半葉八行，行二十三字。白口，單黑魚尾，四周雙邊。魚尾上方記"易卦圖說"，版心下記葉次。內封鎸"大名崔東壁先生著/五服異同彙考/道光四年正月東陽縣署中刻"。

卷一首葉第一行題"五服異同彙考卷之一"，第二行題"大名崔述東壁著"，下空二格題"石屏門人陳履和校刊"，第三行起正文。

附遺經樓文稿一卷　清陳履和撰　清道光五年刻本

19.無聞集四卷

清道光四年刻本

版框高19.6釐米，寬13.3釐米。每半葉八行，行二十三字。白口，單黑魚尾，四周雙邊。魚尾上方記"崔東壁先生文集"，魚尾下記卷次，又下方記葉次。內封鎸"大名崔東壁先生著/無聞集/道光四年正月東陽縣署中刻"。

卷一首葉第一行題"無聞集卷之一"，第二行題"大名崔述東壁稿"，下空二格題"石屏門人陳履和校刊"，第三行起正文。

考信錄提要卷上

大名崔述東壁著

石屏門人陳履和校刊

釋例

聖人之道在六經而已矣二帝三王之事備載於詩書　書謂堯典等三十篇

孔子之言行具於論語文在是卽道在是故孔子曰　書謂堯典

文王既没文不在兹乎六經以外别無所謂道也顧自秦火

以後漢初諸儒傳經者各有師承傳聞異詞不歸於一兼以

戰國之世處士横議說客託言雜然並傳於後而其時書皆

札迻十二卷

清光緒刻本
DC0586一函四册

清孫詒讓撰。

書高26.5釐米，寬15.3釐米。版框高17.4釐米，寬14釐米。每半葉十二行，行二十三字。上下黑口，雙魚尾，左右雙邊。上魚尾下記"札"及卷次，下魚尾上方記葉次。內封鐫"札迻十二卷"，內封背面有牌記"光緒廿年刊成籀廎"。

卷一首葉第一行題"札迻卷一"，第二行下題"瑞安孫詒讓"，第三行起正文。

書首有光緒二十一年俞樾敘，目錄，目錄後有光緒十九年孫詒讓敘。

書中鈐"大倉文化財團藏書"朱印。

札迻卷一

瑞安孫詒讓校

易乾鑿度鄭康成注　聚珍版本　張惠言易緯略義校

卷上

君臣取象變節相和　案孔穎達易疏序引和作移是當

據正

故易者所以經天地官本校云錢本作繼天地　案范欽本

盧見曾本及易正義引竝作繼似是後文云天子者繼天

理物

度時制宜作罔罟以畋以漁以贍八用　案易正義引作下

有爲字八用作民用此沿唐本避諱字

故三王之郊一用夏正所以順四時法天地之道也　案范

盧本竝作淡天地之通道杜臺卿玉燭寶典八引同此本誤

夢溪筆談二十六卷

明刻本

DC0122一函六册

宋沈括撰。

沈括（1033—1095），字存中，錢塘人。嘉祐八年進士，官至翰林學士。

書高26釐米，寬17釐米。版框高20.5釐米，寬15.2釐米。每半葉十二行，行十八字。大黑口，單黑魚尾，左右雙邊。魚尾下記 "筆談" 及卷次，又下記葉次。

卷一首葉第一行題 "夢溪筆談卷第一"，第二行題 "沈括存中"，第三行起正文。

書首有沈括 "夢溪筆談序" 及目録。書末有宋乾道二年湯脩年跋。

書中鈐 "董康宣統建元以後所得"、"勾吳曹氏收藏金石書畫之印"、"大倉文化財團藏書" 朱印。

夢溪筆談卷第一

沈括 存中

故事一

上親郊郊廟冊文皆曰恭薦歲事先景靈宮謂
之朝獻次太廟謂之朝饗末乃有事于南
郊子集郊式時曾預討論常疑其次序若
先為尊則郊不應在廟後若後為尊則景
靈宮不應在太廟之先求其所從來蓋有
所因按唐故事凡有事于上帝則百神皆
預遣使祭告唯太清宮太廟則皇帝親行
其冊祝皆曰取某月某日有事于某所不
敢不告宮廟謂之奏告餘皆謂之祭告唯

鶴林玉露二十四卷

明萬曆辛丑（二十九年，1601）復古齋刻本

DC0145五册

宋羅大經著，明謝天瑞補輯。

羅大經（1196—1252後），字景綸，號儒林，又號鶴林，吉水人。寶慶二年進士，歷任容州法曹、辰州判官、撫州推官。謝天瑞，一作天祐，字起龍，號思山，明浙江杭州人。

書高27.5釐米，寬16.5釐米。版框高19.2釐米，寬13.5釐米。每半葉九行，行二十字。白口，白單魚尾，四周單邊。版心魚尾上方記"鶴林玉露"，魚尾下記卷次，又下記葉次，版心下記字數。內封鎸"鶴林玉露/復古齋藏板"。

卷一首葉第一行題"鶴林玉露卷之一"，第二行題"廬陵羅大經景綸著"，第三行題"武林謝天瑞起龍校"，第四行起正文。卷十七首葉第一行題"鶴林玉露補"。

書首有萬曆辛丑謝偉"重刻鶴林玉露小引"，任遠"鶴林玉露補敍"，"鶴林玉露目録"。

書中鈐"大倉文化財團藏書"朱印。

鶴林玉露卷之一

盧陵羅大經　景綸著

武林謝天瑞　起龍校

真正英雄

朱文公告呂陳同父云真正大英雄人却從戰戰兢兢
臨深履薄處做將出來若是氣血粗豪却一點使不
着也此論於同父可謂頂門上一針矣余觀大禹不
矜不伐愚夫愚婦皆謂一能勝予而鑿龍門排伊闕
明德美功被千萬世周公不驕不吝勞謙下士而東

齊東埜語二十卷

明正德十年（1515）胡文璧刻修補後印本
DC0146一函八冊

　　宋周密撰。

　　周密（1232—1298），字公謹，號草窗，又號四水潛夫、華不注山人。祖籍濟南，流寓湖州。宋淳祐間為義烏令。宋亡不仕，終於家。

　　書高27.5釐米，寬18.9釐米。版框高20釐米，寬14.5釐米。每半葉十一行，行十六至十八字不等，小字雙行，字數同。白口，無魚尾，四周雙邊。版心中記"埜語"及卷次，下記葉次。

　　卷一首葉第一行題"齊東埜語卷之一"，第二行題"齊人周密公謹父"，第三行起正文。

　　書首有周密"齊東埜語敘"，"齊東埜語目錄"。書末有正德十年胡文璧"齊東埜語後序"，正德乙亥盛皋"齊東埜語後序"。

　　書中有鈔補闕葉。

　　書中鈐"大倉文化財團藏書"朱印。

　　案語：此版初印本版心上下大黑口，三黑魚尾。

齊東埜語卷之一

　　　　齊人　周密　公謹父

孝宗聖政

阜陵天縱膚聖英武果斷古今之所鮮儷聖政
彰彰者備載金匱玉牒之書當得以竊覬之矣
其或一時史臣有所避忌采訪貴著失於紀載
者不一而足茲以先世見聞及當時諸公之所
記錄數事謹書于此庶乎美盛德之形容揩良
史之采錄云
帝嘗曰祖宗諸司官非時會合以其族議不修職業
故也李安國為郎官一日有薦衛士至部中同省

敬齋古今黈八卷

清乾隆四十年(1775)武英殿聚珍本
DC0125一函二册

元李冶撰。

李冶(1192—1279),原名李治,字仁卿,自號敬齋,眞定欒城人。金正大末進士,官至翰林學士。

書高26.7釐米,寬16.4釐米。版框高19.3釐米,寬12.7釐米。每半葉九行,行二十一字。白口,單黑魚尾,四周雙邊。魚尾上方記"敬齋古今黈",魚尾下記卷次及葉次,版心下背面記刻校者姓名。目錄下題"武英殿聚珍版"。

卷一首葉第一行題"敬齋古今黈卷一",第二行題"元李冶撰",第三行正文。

書首有乾隆甲午"御製題武英殿聚珍版十韻有序","御製題敬齋古今黈有序","敬齋古今黈目錄",目錄後有乾隆四十年紀昀等校上案語。

書中鈐"大倉文化財團藏書"朱印。

敬齋古今黈卷一

元　李　冶　撰

卦有六爻初二三四五上也卦有六德剛柔仁義陽陰
也自下而上以之相配則初爻剛二爻柔三爻仁四爻
義五爻陽六爻陰也只以乾一卦推之便盡此理
天體正圓如彈丸地體未必正方令地正方則天之四
遊之處定相窒礙謂地體大率雖方而其實周匝亦
當圓渾如天但差小耳又地體凝然不動顯著直方之
德亦得謂之方也故乾卦不言天圓而說卦則云為天

北軒筆記一卷

清鈔本

DC0147合一册

元陳世隆輯。

陳世隆,字彥高,錢塘人,宋末書賈陳思之從孫,順帝至正中,館嘉興陶氏,沒於兵。

書高26.8釐米,寬17釐米。版框高20釐米,寬13.8釐米。每半葉十一行,行二十字。綠欄,白口,單綠魚尾,左右單邊。魚尾上方記"北軒筆記",版心下記葉次。

卷端第一行題"北軒筆記",第二行題"錢塘陳世隆彥高輯",第三行起正文。

書首錄"欽定四庫全書北軒筆記提要"。

書中鈐"篤生經眼"、"林泉珍秘圖籍"、"謏聞齋"、"平江黃氏圖書"、"翰林院印"(滿漢文)、"大倉文化財團藏書"朱印。

案語:與DC0169《醉翁談錄》合鈔。

北軒筆記

錢塘陳世隆彥高輯

宋臺始建謝瞻為中書侍即弟晦為右衛將軍時晦
權遇已重瞻見其貴客輻輳謂曰吾家素以恬退
為業不願干預時事交遊不過親朋而汝今勢傾
朝野豈家門之福邪乃以籬隔門庭曰吾正不忍見
此又謂宋公宜賜降黜以保衰祚或以朝廷容
事語瞻：故向親舊陳說用為嬌笑以絕其言乃
宋公即位晦以佐命功位任益隆瞻愈憂懼至是
遇病不廢臨終遺書曰吾得啟體幸全以何所
恨弟思自勉勵為國為家謝瞻之於兄弟劉鎮之

欽定四庫全書提要

北軒筆記一卷

元陳世隆撰是書前有小傳不知何人所
作稱世隆字彥高錢塘人宋末書賈陳思
之從孫順帝至正中館嘉興陶氏没於兵
所著詩文皆不傳惟宋詩補遺八卷與此
書存於陶氏家今宋詩補遺亦無傳本惟
此一卷僅存所論史事為多如論西伯戡
黎力辨委曲回護之說論魯西生不知禮
案論胡寅識劉晏之非論泰王廷美生於
耿氏之誣論周以于謹為三老有遺古制

損齋備忘録一卷

明藍格鈔本

DC0148一册

明梅純撰。

梅純，生卒年不詳，夏邑人，成化十七年進士，任定遠知縣。忤上官，棄歸。襲武階，為中都副留守。

書高27.5釐米，寬17.6釐米。版框高20釐米，寬14.9釐米。每半葉九行，行二十四字。白口，單白魚尾，四周單邊。

卷上首葉第一行題"損齋備忘録卷之上"，第二行題"夏邑梅純"，第三行起正文。

書中鈐"犀盦藏本"、"教經堂錢氏章"、"畿輔譚氏藏書印"、"篤生經眼"、"錢犀盦珍藏印"、"翰林院印"（滿漢文）、"大倉文化財團藏書"朱印。書衣鈐"乾隆三十八年十一月浙江巡撫三寶送到范懋柱家藏/損齋備忘壹部/計書壹本"朱戳。

案語：《四庫全書總目》卷一百二十八"子部·三十八·雜家類·存目五"著録"浙江范懋柱家天一閣藏本"。

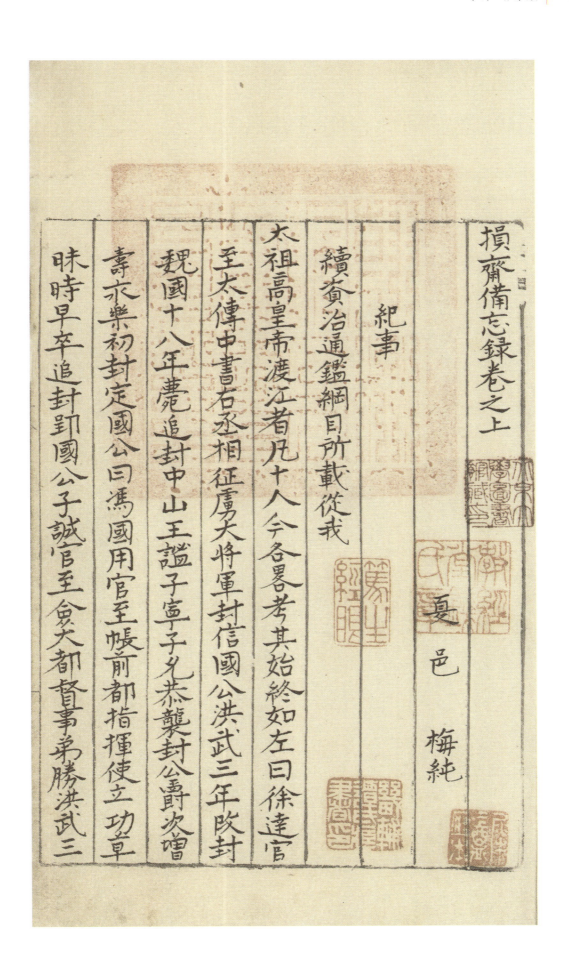

損齋備忘錄卷之上

夏　邑　梅純

紀事

續資治通鑑綱目所載從我

太祖高皇帝渡江者凡十八人今各畧考其始終如左曰徐達官
至太傅中書右丞相征虜大將軍封信國公洪武三年攺封
魏國十八年薨追封中山王諡子寧子允恭襲封公爵次增
壽永樂初封定國公曰馮國用官至帳前都指揮使立功草
昧時早卒追封郢國公子誠嗣官至僉大都督事弟勝洪武三

古香齋鑒賞袖珍春明夢餘録七十卷

清乾隆嘉慶間刻本

DC0518四函二十四册

清孫承澤著。

書高16.2釐米,寬10.4釐米。版框高10.3釐米,寬8.1釐米。無行欄。每半葉九行,行二十二字。白口,單黑魚尾,四周雙邊。魚尾上方記"古香齋春明夢餘録",魚尾下記卷次,版心下記葉次。

卷一首葉第一行題"古香齋鑒賞袖珍春明夢餘録卷之一",第二行題"北平孫承澤著",第三行起正文。

書首有"古香齋鑒賞袖珍春明夢餘録目録"。

書中鈐"汾城劉焕之藏籍"、"逸經閣考藏圖書"、"大倉文化財團藏書"朱印。

古香齋鑒賞袖珍春明夢餘錄卷之一

　　　　　　　　　　　　北平孫承澤著

建置

昔黃帝建都於涿鹿卽京師地史稱帝都涿鹿之阿往來
遷徙以兵爲營衛蓋燕地在漢以前通名爲涿至漢高帝
六年始分燕置涿郡水經注引應劭云涿水出上谷涿鹿
縣按涿水自涿鹿東注濕水濕水東南逕廣陽郡與涿郡
分水涿郡受其稱矣今保安州西南九十里有涿鹿山黃
帝破蚩尤於此州東南四十里有軒轅城

居易録三十四卷

清康熙四十年（1701）刻後印本

DC0150一函八册

清王士禛著。

王士禛（1634—1711），字子眞，又字貽上，號阮亭，自號漁洋山人，山東新城人。清順治十五年進士，官至刑部尚書。

書高24.9釐米，寬16釐米。版框高17釐米，寬13.3釐米。每半葉十行，行二十字。上下黑口，單黑魚尾，左右雙邊。魚尾下方記 "居易録" 及卷次，下記葉次。書衣書籤題 "居易録"。

卷一首葉第一行題 "居易録卷一"，第二行題 "濟南王士禛著"，第三行起正文。

書首有王士禛 "居易録自序"。

書中鈐 "大倉文化財團藏書" 朱印。

居易錄卷一

濟南 王士禎 著

婺源黄昌衢刻宋范石湖詩集二十卷中多闕文吳郡
門人顧嗣協逅客亦刻石湖集摹宋板最工後村云石
湖詩三十四卷今顧刻卷數正合
慈谿友人姜宸英西溟示唐摹十七帖紙勁堅好點畫
無關失真古物也秀水曹侍郎秋岳溶跋云貞觀中
盛購右軍墨蹟裴業進士以草書來上首有十七日
字遂呼十七帖今石刻傳世有二本唐刻尾有敕字
及解勤褚校者即此本也南唐後主得賀知章所臨

池北偶談二十六卷

清康熙庚辰(三十九年,1700)臨汀郡署刻本

DC0149一函八冊

清王士禛著。

書高26.4釐米,寬17釐米。版框高19.5釐米,寬14.8釐米。每半葉十一行,行二十三字,小字雙行,字數同。上下粗黑口,單黑魚尾,左右雙邊。上魚尾下方記"池北偶談"及卷次,下記葉次。書衣書籤題"池北偶談"。內封鐫"康熙庚辰夏五/池北偶談/臨汀郡署授梓",鈐"香谷氏"印記。

卷一首葉第一行題"池北偶談卷一/談故",第二、三行題"濟南王士禛阮亭著/高都姪廷掄簡菴較",第四行起正文。

書首有康熙辛未王士禛"池北偶談序"。書末有康熙辛巳王廷掄跋,鈐"香谷書畫"印。

書中鈐"大倉文化財團藏書"朱印。書衣書籤鈐"襃抱觀古今"朱印。

池北偶談卷一

濟南 王士禎阮亭著 高都莊廷掄簡菴較

談故

鑾儀衛

本朝鑾儀衛鑾儀使秩二品朝制武臣不乘肩輿康熙六年
鑾儀使王鵬沖上疏陳請奉
旨王鵬沖著與尚書等遂張
蓋肩輿視六卿矣鵬沖精鑒別書畫古器直隸長垣人前象
宰永光子也

特賜進士及第

戊戌春 世祖親覆試江南丁酉貢士以古文詩賦拔武
進吳珂鳴第一是年禮闈榜後 上諭特賜珂鳴進士與

古今說海一百三十五種一百四十二卷

明翻刻本

DC0390四函三十二冊

明陸楫輯。

陸楫（1515—1552），字思豫，號小山，南直隸松江府人。以父蔭由廩生入太學，未仕而逝。

書高26.3釐米，寬16釐米。版框高16.9釐米，寬12.2釐米。每半葉八行，行十六字，小字雙行，字數同。白口，雙白或黑順魚尾，左右雙邊或四周單邊。上魚尾上記"說選"及集次，下記細目，又下記葉次，下魚尾下記"儼山書院"、"雲山書院"或"青藜館"。

卷一首葉第一行頂格題"北征錄"，下空五格題"說選一"，又下小字題"小錄/一"，第二行起正文。

書前有嘉靖甲辰唐錦"古今說海引"，"校書名氏"，"校書名氏"末署"嘉靖甲辰四月己巳雲間陸楫思豫識"，"古今說海總目"。

書中鈐"溫陵黃氏藏書"、"大倉文化財團藏書"朱印。

子目：

說選部

小錄家

北征錄一卷　明金幼孜撰

北征後錄一卷　明金幼孜撰

北征記一卷　明楊榮撰

偏記家

平夏錄一卷　明黃標撰

江南別錄三卷　宋陳彭年撰

三楚新錄三卷　宋周羽翀撰

溪蠻叢笑一卷　宋朱輔撰

遼志一卷　宋葉隆禮撰

金志一卷　宋宇文懋昭撰

蒙韃備錄一卷　宋孟珙撰

北邊備對一卷　宋程大昌撰

桂海虞衡志一卷　宋范成大撰

眞臘風土記一卷　元周達觀撰

北戶録一卷　唐段公路撰

西使記一卷　元劉鬱撰

北轅録一卷　宋周煇撰

滇載記一卷　明楊愼撰

星槎勝覽四卷　明費信撰

說淵部

　別傳家

靈應傳一卷　唐□□撰

洛神傳一卷　唐薛瑩撰

夢游録一卷　唐任蕃撰

吳保安傳一卷　唐牛肅撰

昆侖奴傳一卷　唐楊巨源撰

鄭德璘傳一卷　唐薛瑩撰

李章武傳一卷　唐李景亮撰

韋自東傳一卷　唐□□撰

趙合傳一卷　唐□□撰

杜子春傳一卷　唐鄭還古撰

裴仙先別傳一卷　唐□□撰

震澤龍女傳一卷　唐薛瑩撰

袁氏傳一卷　後蜀顧敻撰

少室仙姝傳一卷　唐□□撰

李林甫外傳一卷　唐□□撰

遼陽海神傳一卷　明蔡羽述

蚍蜉傳一卷　唐□□撰

甘棠靈會録一卷

顏浚傳一卷　唐□□撰

張無頗傳一卷　唐□□撰

板橋記一卷　唐□□撰

鄴侯外傳一卷　唐李繁撰

洛京獵記一卷　唐□□撰

玉壺記一卷　　唐□□撰

姚生傳一卷　　唐□□撰

唐晅手記一卷　　唐唐晅撰

獨孤穆傳一卷　　唐□□撰

王恭伯傳一卷　　唐□□撰

中山狼傳一卷　　宋謝良撰

崔煒傳一卷　　唐□□撰

陸顒傳一卷　　唐□□撰

潤玉傳一卷

李衛公別傳一卷　　唐□□撰

齊推女傳一卷　　唐□□撰

魚服記一卷　　唐□□撰

聶隱娘傳一卷　　唐鄭文寶撰

袁天綱外傳一卷　　唐□□撰

曾季衡傳一卷　　唐□□撰

蔣子文傳一卷　　唐羅鄴撰

張遵言傳一卷　　唐□□撰

侯元傳一卷　　唐□□撰

同昌公主外傳一卷　　唐蘇鶚撰

睦仁蒨傳一卷　　唐陳鴻撰

韋鮑二生傳一卷　　唐□□撰

張令傳一卷　　唐□□撰

李清傳一卷　　唐□□撰

薛昭傳一卷　　唐□□撰

王賈傳一卷　　唐□□撰

烏將軍記一卷　　唐王惲撰

竇玉傳一卷　　唐□□撰

柳參軍傳一卷　　唐□□撰

人虎傳一卷　　唐李景亮撰

馬自然傳一卷　　唐□□撰

寶應錄一卷　　唐□□撰

白蛇記一卷　　唐□□撰

巴西侯傳一卷　　唐□□撰

柳歸舜傳一卷　唐□□撰

求心錄一卷　唐□□撰

知命錄一卷　唐□□撰

山莊夜怍錄一卷　唐□□撰

五眞記一卷　唐□□撰

小金傳一卷　唐□□撰

林靈素傳一卷　宋趙與時撰

海陵三仙傳一卷　唐□□撰

說略部

　雜記家

默記一卷　宋王銍撰

宣政雜錄一卷　宋江萬里撰

靖康朝野僉言一卷　宋□□撰

朝野遺紀一卷　宋□□撰

墨客揮犀一卷　宋彭乘撰

續墨客揮犀一卷　宋彭乘撰

聞見雜錄一卷　宋蘇舜欽撰

山房隨筆一卷　元蔣子正撰

諧史一卷　宋沈俶撰

昨夢錄一卷　宋康與之撰

三朝野史一卷　元吳萊撰

鐵圍山叢談一卷　宋蔡絛撰

孔氏雜說一卷　宋孔平仲撰

瀟湘錄一卷　唐李隱撰

三水小牘一卷　唐皇甫枚撰

談藪一卷　宋龐元英撰

清尊錄一卷　宋廉布撰

睽車志一卷　宋郭彖撰

話腴一卷　宋陳鬱撰

朝野僉載一卷　唐張鷟撰

古杭雜記一卷　元李有撰

蒙齋筆談　節錄岩下放言一卷　宋葉夢得撰

文昌雜錄一卷　宋龐元英撰

就日録一卷　宋趙□撰

碧湖雜記一卷　宋謝枋得撰

錢氏私志一卷　宋錢愐撰

遂昌山樵雜録一卷　元鄭元祐撰

高齋漫録一卷　宋曾慥撰

桐陰舊話一卷　宋韓元吉撰

霏雪録一卷　明劉績撰

東園友聞一卷　元□□撰

拊掌録一卷　元元懷撰

說纂部

逸事家

漢武故事一卷　漢班固撰

艮岳記一卷　宋張淏撰

青溪寇軌一卷　宋方勺撰

煬帝海山記一卷　唐韓偓撰

煬帝迷樓記一卷　唐韓偓撰

煬帝開河記一卷　唐韓偓撰

散録家

江行雜録一卷　宋廖瑩中撰

行營雜録一卷　宋趙葵撰

避暑漫抄一卷　宋陸遊撰

養痾漫筆一卷　宋趙溍撰

虛穀閑抄一卷　元方回撰

蓼花洲閑録一卷　宋高文虎撰

雜纂家

樂府雜録一卷　唐段安節撰

教坊記一卷　唐崔令欽撰

孫內翰北里志一卷　唐孫棨撰

青樓集一卷　元雪蓑釣隱　夏庭芝撰

雜纂三卷　唐李商隱撰　　宋王君玉撰　宋蘇軾續

損齋備忘録一卷　明梅純撰

復辟録一卷　明楊瑄撰

靖難功臣録一卷　明不著撰人

備遺録一卷　明張芹撰

北征錄

永樂八年二月初十日　上親征北虜是

日　駕出德勝門幼孜與光大胡公由安

定門出兵甲車馬旌旗之盛耀于川陸風

清日和埃塵不興鐃鼓之聲訇訇震山谷晚

次清河十一日早發清河途間雪融泥深

馬行甚滑晚次沙河勉仁始至十二日早

寒發沙河午次龍虎臺十三日早發龍虎

藝文類聚一百卷

明刻本

DC0151四函三十二册

唐歐陽詢撰。

歐陽詢(557—641),字信本,潭州臨湘人。官至太子率更令。

書高27.6釐米,寬17.3釐米。版框高17.9釐米,寬12.9釐米。每半葉十四行,行二十八字。白口,雙黑魚尾,四周單邊。上魚尾下記"藝文類聚"及卷次,下魚尾下記葉次。

卷一首葉第一行題"藝文類聚卷第一",第二行題"唐太子率更令弘文館學士歐陽詢撰",第三行起正文。卷三首葉第一行題"藝文類聚卷第三",第二行起正文。

卷一至二、卷九十七至一百鈔配。書首鈔補歐陽詢"藝文類聚序","藝文類聚目録"。

書中鈐"大倉文化財團藏書"朱印。

藝文類聚卷第一

唐太子率更令弘文館學士 歐陽詢 撰

天部上 天 日 月 星 風 雲

天

周易曰大哉乾元萬物資始乃統天雲行雨施品物流形大明終始六位

時成時乘六龍以御天乾道變化各正性命 又曰立天之道曰陰與陽

又曰天行健 尚書曰乃命羲和欽若昊天 又曰皇天震怒命我文考

率將天威 禮記曰天地之道博也厚也高也明也悠也久也日月星辰

繫焉萬物覆焉 論語曰天何言哉四時行焉百物生焉 老子曰天得

一以清 春秋繁露曰天有十端天地陰陽水土金木火人凡十端天亦

喜怒之氣哀樂之心與人相副以類合之天人一也 春秋元命苞曰天不足西

也春為蒼天夏為昊天秋為旻天冬為上天 渾天儀曰天如雞子天大地小

北陽極於九故天周九九八十一萬里 爾雅曰穹蒼蒼天

天表裏有水地各乘氣而立載水而浮天轉如車轂之運 黃帝素問曰

唐宋白孔六帖一百卷目録二卷

明嘉靖刻本

DC0654六函四十册

唐白居易輯，宋孔傳續撰。

白居易（772—846），字樂天，號香山居士，下邽人。貞元十六年進士，以刑部尚書致仕。孔傳，原名若古，字世文，山東曲阜人，孔子四十七代孫。官至右朝議大夫。晚號杉溪，卒年七十五，封仙源縣開國男。

書高25.2釐米，寬17.5釐米。版框高19.2釐米，寬15.4釐米。每半葉十行，行十八字，小字雙行，字數同。白口，單白魚尾，左右雙邊。魚尾下方記“白孔六帖”及卷次，又下方記葉次，版心下或記刻工。

卷一首葉第一行題“唐宋白孔六帖卷第一”，第二行起正文。

書首有韓駒“唐宋白孔六帖序”，“唐宋白孔六帖目録”。

書中鈐“大倉文化財團藏書”朱印。

唐宋白孔六帖卷第一

天一　　地二
日三　　月四
星五　　明天文六
晨夜七　律曆八

天一

白

高明柔克　高明天也柔克寒暑不干

陰隲下人　言天默定……下人下人之命

天尊　地甲在天成象見

成象　成象

觀天之道　而四時不忒

天垂象　吉

天行健　大哉乾元

資始　萬物資始

上浮爲天

聖人則之

凶

下降　天氣下降

高遠　窮高極遠

貞觀之道

無私不息者天清

太平御覽一千卷目録十五卷

清嘉慶十四年（1809）虞山張海鵬從善堂刻本
DC0153 十二函一百二册

宋李昉等奉敕纂。

李昉（925—996），字明遠，深州饒陽人。後漢乾祐元年進士，官至參知政事、平章事，雍熙元年加中書侍郎。

書高28.5釐米，寬18.3釐米。版框高19.4釐米，寬14.7釐米。每半葉十一行，行二十二字，小字雙行，字數同。白口，單黑魚尾，左右雙邊。魚尾上方記"太平御覽"，下方記卷次，又下方記類目，版心下方記葉次。内封鐫"宋本校栞/太平御覽/從善堂藏板"。

卷一首葉第一行頂格題"太平御覽卷一"，下空八格題"虞山張海鵬較梓"，第二行至三行題"翰林學士承旨正奉大夫守工部尚書知制誥上柱國隴西縣開國伯食邑七百戶賜紫金魚袋臣李昉等奉/敕纂"，第四行起正文。

書首有嘉慶十三年勞樹棠撰"重刊太平御覽序"，孫星衍撰"新刊太平御覽序"，孫原湘撰"重刊宋本太平御覽序"，何元錫撰"合鈔宋本太平御覽序"，嘉慶十四年張海鵬撰"重刊太平御覽序"，"太平御覽經史圖書綱目"，"太平御覽總類"。書末有宋慶元五年蒲叔獻撰後引，李廷允跋。

每册書襯葉鈐"大倉文化財團藏書"朱印。

太平御覽卷一　　　　　　　　虞山張海鵬較梓

翰林學士臣奉奉敕空部尚書婦制誥臣在國隴西縣開國侯食邑七百戸賜紫金魚袋臣奉

纂

天部一

元氣　　太易

太素　　太極

　　　天部上

元氣

三五歷記曰未有天地之時混沌狀如鷄子溟涬始牙濛

莫孔　胡孔滋萌歲在攝提元氣肇始
鴻切　切

又曰清輕者上為天濁重者下為地冲和氣者為人故天

地含精萬物化生

太平御覽卷一　　　天部一　　一

重廣會史一百卷

日本昭和三年（1928）育德財團影印本

DC0655二函二十册

宋佚名纂。

書高20.2釐米，寬14釐米。版框高15.5釐米，寬12.3釐米。每半葉十五行，行十九至二十三字不等。白口，單黑魚尾，左右雙邊。魚尾下方記"史"及卷次，又下方記葉次。函套貼昭和三年版權籤。版權籤"尊經閣叢刊戊辰歲配本"。

卷一首葉第一行題"重廣會史卷第一"，第二行起正文。

書首有"重廣會史目録"。

書中鈐"大倉文化財團藏書"朱印。

附日文《景宋本重廣會史解題》一册，"尊經閣叢刊の由來"一紙。

重廣會史卷第一

君無爲而治第一　　　　臣無爲而治第二

君不嚴而治第三　　　　臣不嚴而治第四

天下平治第五　　　　　治道清淨第六

治遠自近第七　　　　　以文爲治第八

王道第九　　王霸第十　　君無爲而治第一

荀子曰守至約而詳事至佚而功垂衣裳不下簟

席之上而海內之民莫不願得以爲帝王夫是

之謂至約身佚而國治功大而名美

老子云聖人執左契而不責於人

莊子曰夫帝王之德以天地爲宗以道德爲主以無

爲爲亂

莊子曰知雖落天地不自慮也古之王天下者知

雖落天地不自慮也辯雖彫萬物不自悅也能

雖窮海內不自爲也

錦帶補註一卷

明鈔本

DC0060一册

宋杜開述。

書高28.4釐米，寬17.1釐米。版框高21.8釐米，寬15.8釐米。每半葉十行，行十七字。版心上下大黑口，雙魚尾，四周雙邊。

首葉第一行題"錦帶補註"，第二行題"南湖休圃翁杜開述"，第三行起序文。正文首葉第一行小題"錦帶按十二大節律令"，無大題。

書首有宋大觀己丑杜開識語，佚名人撰"昭明太子原註序"。

書中鈐"翰林院印"（滿漢文）、"教經堂錢氏章"、"篤生經眼"、"犀盦藏本"、"大倉文化財團藏書"朱印。

案語：此本重經裝訂，原書衣闕。《四庫全書總目》卷一百三十七子部四十七類書類存目一著録。

錦帶補註　南潮休園翁杜開述

知於道者達至意之淺深明於理者合禮義
之先後況君子耻一物而不知聖人固多能
鄙事由是論之凢處於世所賚手戕瀆爲先
容應對爲事業因觀梁昭明太子錦帶十二
篇其中叙陳事情光爛錦帶起餕後人盍揚
言旣著錦者文彩光輝之稱帶者以束身之
謂也淮南子曰錦帶者燦爛身之富也實濟
時之端助文之倫也以其文雖㳙炙亦未詳

海録碎事二十二卷

明萬曆二十六年 (1598) 沛國劉氏刻本

DC0154六册

宋葉廷珪集著。

葉廷珪, 字嗣忠, 號翠岩, 甌寧人。宋政和五年進士, 官至泉州、漳州知府。

書高27.2釐米, 寬17.1釐米。版框高21.7釐米, 寬14.1釐米。每半葉十二行, 行二十一字。白口, 單黑魚尾, 左右雙邊。魚尾上記 "海録碎事", 下記卷次及葉次。

卷一首葉第一行題 "海録碎事卷一", 第二題 "宋泉州太守葉廷珪集著", 第三行題 "明河南僉憲劉鳳校刻", 第四行下題 "孫鴻英/應/廣同校", 第四行上起正文。

書首有萬曆戊戌劉鳳撰 "海録碎事", 紹興十九年傅自得撰 "海録碎事序", 後鐫 "萬曆己亥清河閏月吳郡錢允治書並校", 紹興十九年葉庭珪 "海録碎事序", "海録碎事總目"。

書中鈐 "芇南寓囝"、"寶硯㐀楊氏珍藏"、"觀國"、"楊拜冕印"、"華亭梅氏藏書之印"、"古閩葉氏芇南珍藏"、"芇南"、"葉滋棠印"、"大倉文化財團藏書" 朱印。

海錄碎事卷一

宋　泉州太守葉廷珪集著

明　河南僉憲劉鳳校刻

孫　鴻英嶺同校

天部上

天門

曾穹

蹀足循廣除瞬目瞠曾穹 文選謝惠連詩

天闉

天闉決地垠開 楊雄作甘泉賦

紫冥

發響九皋翰飛紫冥 北史

鍊石補天

職官分紀五十卷

清道光山陰杜氏知聖教齋鈔本
DC0081十二册

宋孫逢吉撰。

孫逢吉（1135—1199），字從之，號靜閩居士，江西吉州龍泉北鄉人。隆興元年進士，官至秘書監兼吏部侍郎。卒謐獻簡。

書高29.1釐米，寬18.8釐米。版框高18.8釐米，寬14釐米。每半葉十行，行二十一字。黑口，單黑魚尾。魚尾下記"職官分紀"及卷次，版心下記"山陰杜氏鈔本/知聖教齋藏書"。清諱避至"寧"字。毛邊裝。

卷一首葉第一行題"職官分紀卷第一"，第二行起正文。

卷四至六同治光緒間鈔補。

首册書首襯葉有同治四年徐時棟題記，鈐"徐時棟印"朱印。又有己巳徐時棟題記，鈐"柳泉"朱印。書中鈐"城西草堂"、"柳泉書畫"朱印。

職官分紀卷第一

歷代惣序

前漢百官公卿表易叙宓羲神農黄帝作教化民而傳
述其官以為伏羲龍師名官神農大師大名黄帝雲師
雲名少昊鳥師鳥名自顓頊以來為民師而命以民事
有重黎句芒祝融后土蓐收玄冥之官然已上矣書載
唐虞之際命羲和四子順天文授民時咨四岳以舉賢
材揚側陋十有二牧桑遠能邇禹作司空平水土棄作
后稷�播百穀高作司徒敷五教咎繇作士正五刑垂作
共工利器用益作朕虞身草木鳥獸伯夷秩宗典三

山陰杜氏鈔本

新編古今事文類聚前集六十卷後集五十卷續集二十八卷新集三十二卷

明內府刻本

DC0656十六函一百册

　　宋祝穆編。

　　祝穆（?—1255），少名丙，字伯和，又字和甫，晚年自號"樟隱老人"，祖籍婺源人。除迪功郎，為興化軍涵江書院山長。

　　書高34.5釐米，寬20.7釐米。版框高24.3釐米，寬17.9釐米。每半葉十行，行十八字。上下粗黑口，雙黑魚尾，四周雙邊。魚尾間記"事文類聚"及集次、卷次，下魚尾下記葉次。包背裝。

　　卷一首葉第一行頂格題"新編古今事文類聚卷之一"，下空二格題"前集"，第二行題"建安祝穆和父編"，第三行起正文。

　　書首有淳祐丙午祝穆序，各集前有總目及目錄。

　　書中鈐"廣運之寶"、"大倉文化財團藏書"朱印。

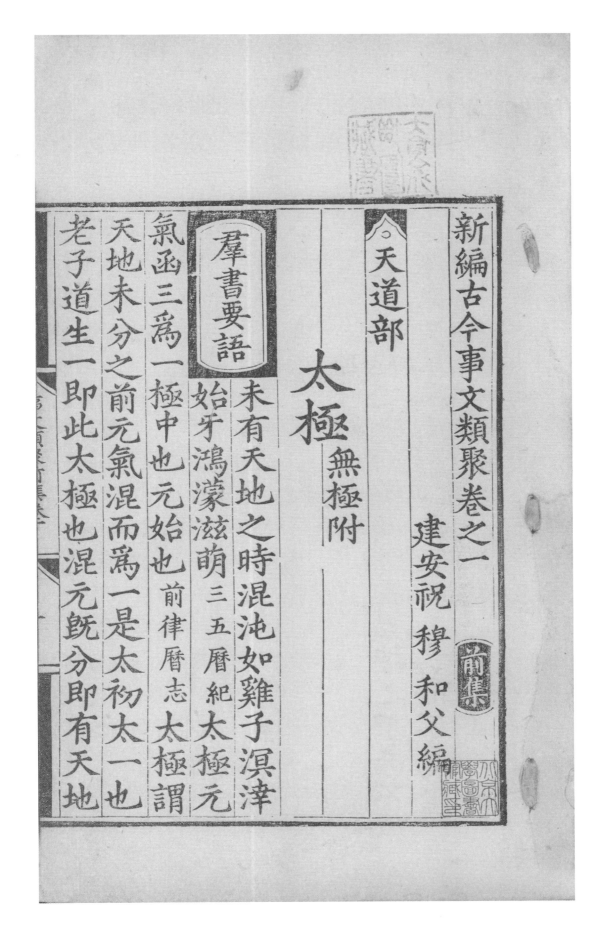

新編古今事文類聚卷之一 〇前集

建安祝穆和父編

〇天道部

太極 無極附

羣書要語

未有天地之時混沌如雞子溟滓

始牙鴻濛滋萌三五曆紀太極元

前律曆志太極謂

氣函三為一極中也元始也

天地未分之前元氣混而為一是太初太一也

老子道生一即此太極也混元既分即有天地

新編古今事文類聚前集六十卷後集五十卷續集二十八卷別集三十二卷新集三十六卷外集十五卷遺集十五卷

日本寬文六年（1666）刻本

DC0657一百册

宋祝穆編。

書高25.6釐米，寬17.7釐米。版框高20.7釐米，寬14.6釐米。每半葉十一行，行二十四字。白口，單黑魚尾，四周單邊。魚尾上記書名，魚尾下記卷次，又下記葉次，版心下或記"德壽堂梓"。書衣書籤題"古今事文類聚"。內封刻"重刻补遗古今事文類聚/亮采堂唐惠疇梓"。遺集後有刊記刻"寬文六年歲次丙午大呂月/洛陽四條書店上坂勘兵衛藏板"。

卷一首葉第一行題"新編古今事文類聚前集卷之一"，第二行題"建安祝穆和父編"，第三行題"金陵唐富春子和刊"，第四行起正文。

書首有淳祐丙午祝穆序，序後鐫"時萬曆甲辰孟春之吉金谿唐富春精校補遺重刻"，寬文丙午林子"書新刊事文類聚後"，各集前有總目及目録。

書中鈐"經誼館藏記"、"大倉文化財團藏書"朱印。

新編古今事文類聚前集卷之一

建安　祝穆　和父　編
金陵　唐富春　子和　刊

〈天道部〉

太極 無極附

群書要語

未有天地之時混沌如雞子溟涬始牙鴻濛滋萌　五

曆紀太極元氣函三為一極中也元始也 前律曆志 太極謂太

地未分之前元氣混而為一是太初太一也老子道生

太極也混元既分即有天地故曰太極生兩儀即老子之一生

二也 易疏 太極極盡之稱 紀瞻傳

全芳備祖前集二十七卷後集三十一卷

清初鈔本

DC0156四函二十四冊

宋陳景沂編輯，宋祝穆訂正。

陳景沂，生卒年未詳，名詠，以字行，號愚一子、肥遯子，宋天台人。

書高27.4釐米，寬16.3釐米。每半葉十行，行十九字。

卷一首葉第一行題"全芳備祖卷一"，第二行題"天台陳景沂編輯"，第三行題"建安祝穆訂正"，第四行起正文。

書首有宋寶祐元年韓境"全芳備祖序"，寶祐丙辰陳景沂自序，"全芳備祖前集總目"。

書中有朱墨黃筆校，卷首有校者識語。

鈐"石君"、"蘭樹廉印"、"子宣"、"重光"、"大倉文化財團藏書"朱印。

全芳備祖卷一前集 天台陳先生類編花果卉木

江淮肥遯愚 天台陳景沂編輯

建安祝穆訂正

花部

　梅花

事實祖

　——碎錄——

上林苑有朱梅同心梅紫蒂梅西京雜記　大庾嶺

上梅花南枝落北枝開六帖　梅花本篆中苗　宋鮑

略

群書考索前集六十六卷後集六十五卷續集五十六卷別集二十五卷

明正德三年至十三年（1508—1518）劉氏慎獨齋刻本

DC0157十函六十册

宋章如愚編輯。

章如愚，生卒年未詳，字俊卿，號山堂。南宋婺州金華人。官至史館編校。

書高25.6釐米，寬15.5釐米。版框高20釐米，寬13.1釐米。每半葉十四行，行二十八字。上下大黑口，雙黑魚尾，四周雙邊。上黑口上方記"考索"及集次、卷次，上魚尾下記門類，下魚尾下記葉次。

前集卷一首葉第一及第二行頂格大字題"群書考索卷之一"，下空十格題"前集"，第三行題"山堂先生章俊卿編輯"，第四行題"建陽知縣區玉刊行"，第五行起正文，第五及六行正文下方題"縣丞管韶校正/羅源知縣徐珪校正"。

書首有正德戊辰鄭京"山堂先生群書考索序"，山堂先生眞像，像後錄《宋史·章如愚本傳》，"群書考索前集綱目"，"群書考索前集目錄"。

前集卷五十八至六十六配元延祐七年圓沙書院刻本。

鄭京序原署"正德戊辰"，"正"字塗抹為"大"字。前集、後集、續集、別集目錄後原有書牌皆被裁去。

書中鈐"大倉文化財團藏書"朱印。

群書考索卷之一

前集

山堂先生章俊卿編輯

建陽知縣區王　刊行

縣丞管韶　校正

羅源知縣徐珪　校正

○六經門

易類

易學傳授之圖

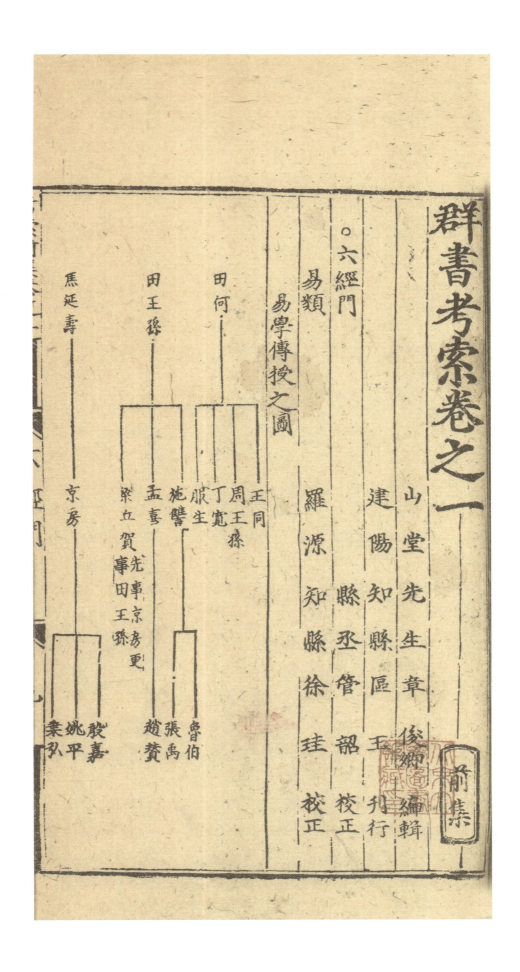

古今合璧事類備要前集六十九卷後集八十一卷續集五十六卷別集九十四卷

明錫山安國金屬活字印本

DC0158八十册

宋謝維新編，宋虞載續編。

謝維新，生卒年不詳，字去咎，宋建安人。虞載，生卒年不詳，字子厚，建安人。

書高25.7釐米，寬16.1釐米。版框高19.2釐米，寬14釐米。每半葉八行，行十六字，小字雙行，字數同。白口，單黑魚尾，左右雙邊。魚尾上方記"錫山安氏舘"，下記"事類"及卷次，版心下記葉次，版心下方或記擺印工名姓。

前集卷一首葉第一行頂格題"古今合璧事類備要卷之一"，下空三格題"前集"，第二行題"錫山安國校"，第三行起正文。目錄首葉第一行題"古今合璧事類備要目錄"，第二行題"膠庠進士謝維新去咎編"，第三行題"錫山安國校刊"。別集卷一首葉第一行頂格題"古今合璧事類備要卷之一"，下空三格題"別集"，第二行題"建安虞載子厚編次"，第三行題"錫山安國民泰校刊"，第四行起正文。

書首有寶祐丁巳謝維新撰"古今合璧事類備要序"，"古今合璧事類備要目錄"。

書中鈐"浦氏揚烈"、"浦祺之印"、"留與軒浦氏珍藏"、"浦玉田藏書記"、"汪元成印"、"資江陶氏雲汀藏書"、"賜書樓陶氏之記"、"去非先生"、"宜將百年事□內一聖歌"、"印心石屋主人天眉龐天頭長仙心儒素天佛賜手此一卷寫奕書香"、"大倉文化財團藏書"朱印。

案語：安國此書尚有《外集》六十六卷，世無全本。南京圖書館存三百二十四卷，前集、後集、外集全。天一閣存二百十四卷，續集全。上海圖書館存九十六卷，中國國家圖書館存九十四卷，兩家五集皆殘。此本前四集皆全，惜闕外集，然諸家皆闕別集卷七至十二，賴此本之存得成完璧。

古今合璧事類備要卷之一　前集

錫山安國校刊

天文門

天

事類

群物之祖　天者〔一一〕也故徧覆包含而無所殊建日月風

經陰董仲

雨以和之　舒前漢董仲舒　群陽之精也天〔一一〕合為太

暑以成之　經春秋題　高目下耳　曰昭昭問天聰明乎惟

字一分大為殊名故立天說　敢問天聰明乎

天為聰惟天能〔一〕其〔一〕昭昭

而〔一〕其〔一〕者匪天也夫

天為明夫能楊問明　積氣成形

古今合璧事類備要前集六十九卷後集八十一卷續集五十六卷別集九十四卷外集六十六卷

明嘉靖壬子（三十一年，1552）至丙辰（三十五年，1556）夏相仿宋刻本

DC0159一百册

　　　　宋謝維新編，虞載續編。

　　　　書高26.7釐米，寬17釐米。版框高20釐米，寬13.8釐米。每半葉八行，行十二字，小字雙行，行二十四字。白口，單白魚尾，左右雙邊。魚尾下方記"合璧事類"及卷次，又下方記葉次。

　　　　卷一首葉第一行題"古今合璧事類備要卷之一"，第二行起正文類目，類目下刻"三衢夏相重摹宋板校刻"。

　　　　書首有嘉靖丙辰顧可學"重刊合璧事類序"，寶祐丁巳謝維新"合璧事類序"，黄叔度"合璧事類跋"，"古今合璧事類備要總目"，"古今合璧事類備要目録"，以下後集、續集、別集、外集，各集卷首均有本集目録。前集目録後記"嘉靖壬子春正月三衢近峰夏相宋板摹刻至丙辰冬十月事竣"。

　　　　闕前集四十四至四十七卷。外集第四十四至四十七重。

　　　　每册書襯葉鈐"大倉文化財團藏書"朱印。

古今合璧事類備要卷之一

三衢夏相重摹宋板校刻 前集

天文門

天

事類

羣物之祖
殊建日月風雨以和之經陰陽寒暑以
天者一一一也故偏覆包含而無所
成之　前漢　董仲舒傳

羣陽之精
天一一精也合爲太一分爲殊
名故立字一大爲天春秋說題
高

目下耳
天一一精也夫天也夫揚問明
者一一者匪天也夫揚問明
夫能一一其一而一一其一者
敢問天聰明曰昭昭乎惟天爲聰惟天爲明
積

氣成形
杞國有憂天地崩墜者曉之曰天積
氣耳亡處亡形奈何憂其崩列子
天一一其一一平高者抑之下者
天一一其一一
道猶張

弓
舉之有餘者損之不足者補之老子
形如倚蓋　周髀
家云

新箋決科古今源流至論前集十卷後集十卷續集十卷別集十卷

明刻本

DC0160八冊

宋林駉編，宋黃履翁編。

林駉，字德頌，寧德人。嘗以易魁鄉薦，事蹟具《閩書》。黃履翁，字吉父，號兩峰主人，宋福建三山人。

書高26.9釐米，寬17.2釐米。版框高22釐米，寬15.7釐米。每半葉十二行，行二十一字。上下大黑口，雙黑魚尾，四周雙邊。上魚尾下記 "至論" 及集次、卷次，下魚尾下記葉次。下黑口偶記刻工名姓。

卷一首葉第一行頂格題 "新箋決科古今源流至論卷之一"，下空三格題 "前集"，第二行起正文。前集目錄首葉第一行頂格題 "新箋決科古今源流至論目錄"，下空二格題 "前集"，第二行題 "閩川林駉編"，第三行起正文。別集目錄首葉第一行頂格題 "新箋決科古今源流至論目錄"，下空一格題 "別集"，第二行題 "前進士三山黃履翁編"，第三行起正文。

書首有嘉熙丁酉黃履翁序，"新箋決科古今源流至論前集目錄"。別集卷首有癸巳黃履翁序，"新箋決科古今源流至論別集目錄"。

書中鈐 "王選私印"、"澄江黃氏弗績堂記"、"三山陳氏居敬堂圖書"、"大倉文化財團藏書" 朱印。

新箋決科古今源流至論卷之一

前集○

太極圖

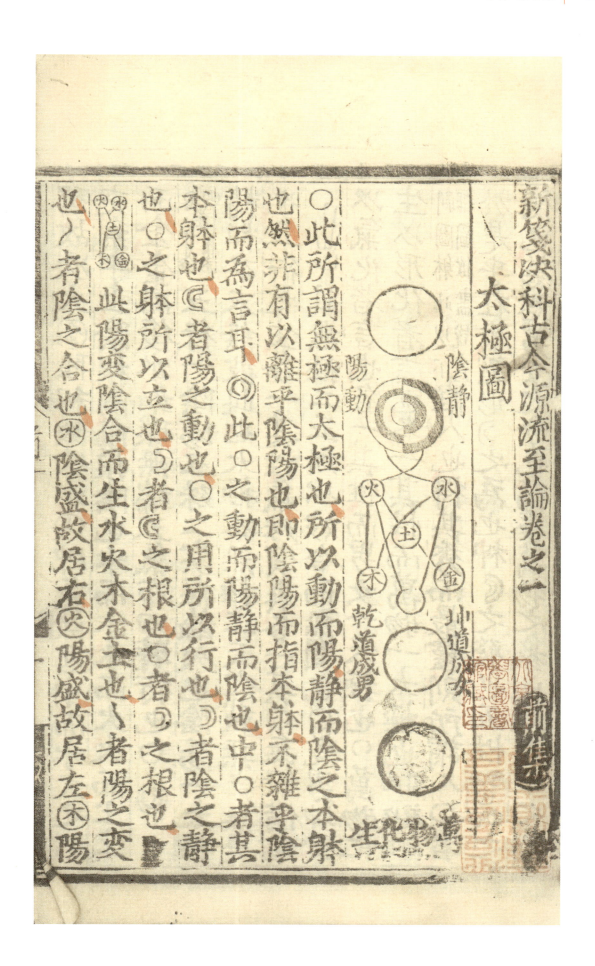

○此所謂無極而太極也所以動而陽靜而陰之本躰
也然非有以離乎陰陽也即陰陽而指本躰不雜乎陰
陽而為言耳◎此○之動而陽陽之静而陰也中○者其
本躰也◎者陽之動也○者陰之静也
也○之躰所以立也○者○之根也○者○之根也
○之用所以行也○者陰之静
此陽變陰合而生水火木金土也○者陽之變
也○者陰之合也○陰盛故居右○陽盛故居左○陽

玉海二百卷附辭學指南四卷

元至元六年（1340）慶元路儒學刻元至正明正德嘉靖遞修本
DC0161八十七册

宋王應麟撰。

王應麟（1223—1296），字伯厚，號深寧居士，慶元府鄞縣人，官至吏部尚書。

書高31.8釐米，寬18.2釐米。版框高22.2釐米，寬13.7釐米。每半葉十行，行二十字，小字雙行，字數同。白口，雙黑魚尾，左右雙邊。上魚尾上方或記版刻字數，上魚尾下方記“玉海”及卷次，又下記葉次，下魚尾下間記刻工名。有書耳記類目。補刻版版心上魚尾上方記“正德二年補刊”、“嘉靖乙卯年”、“嘉靖庚戌年”等。

卷一首葉第一行題“玉海卷第一”，第二行題“浚儀王應麟伯厚甫”，第三行起正文。

書首有元至元四年胡助“玉海序”，至正十一年阿殷圖序，至正辛卯王介序，至元六年李桓“玉海序”，至元三年浙東道刊行呈文，“玉海目録”，目録後有慶元路儒學刊造記。

卷一百二十六至一百二十八鈔配。卷七十八、卷一百三十一、卷二百卷尾有殘。闕卷第一百十一至一百十二，闕《辭學指南》卷四。

書前襯葉鈐“大倉文化財團藏書”朱印。

玉海考卷一

天文

天文圖

天道隱而難測可見莫如象天象遠而難究可考
莫如圖

浚儀王應麟伯厚甫

中宮

漢天文志世書同天官中宮天極星其一明者泰一之常
居也旁三星三公或曰子屬後句四星末大星正妃
餘三星後宮之屬也環之匡衛十二星藩臣皆曰紫

敏求機要不分卷

清鈔本

DC0162一册

宋劉實撰，宋劉茂實注。

劉實、劉茂實事蹟無攷，四庫館臣疑二人為兄弟。

書高27.3釐米，寬16.9釐米。每半葉十行，行二十字，小字雙行，字數同。版心書口下記葉次。清諱"玄"、"弘"、"曆"、"寧"等字或避或不避。

書首第一行頂格題"敏求機要"，下空三格題"月梧劉"，又下空一格題"實撰"，再下空一格題"鳳梧劉茂實註"，第二起正文。

書中鈐"蟬華"、"瓶水華香"、"曉莽氏"、"曹奕辰印"、"曾給筆札"、"尺鳧"、"淮南小隊"、"大倉文化財團藏書"朱印。

案語：此本不分卷，而類目與十六卷本皆同。

敏求機要

月捂劉　實撰　鳳捂劉茂實註

余既醫卜陰陽書皆有歌詩捷訣況儒書汗牛充棟

非韻語括之奚以記夙戌手澤私淑諸人好古敏求

望洋何極撮其機要簡則易從因輯一編課授新學

朋儕競索酬應日繁公器雖私傳介鐵筆倘有違闕

同志政諸

歷代帝王上

上古

天皇地皇人皇立五龍燧人大庭襲栢皇中央及朱

須栗陸驪連與赫胥尊廬渾沌皇英氏有棠朱襄相

新編三場文海一百卷綱目十卷圖說二十卷

清末鈔本

DC0163十册

宋佚名編。

書高29.8釐米，寬19釐米。每半葉十五行，行二十五字，小字雙行，字數同。

卷一首葉第一行題“新編三場文海卷第一”，第二行起正文。

書首有宋慶元己未武夷桂林主人“三場文海序”，“新編三場文海總目”。

書中鈐“萬古同心之學”、“東明”、“鄞徐時棟柳泉氏甲子以來所得書畫藏在城西草堂及水北閣中”、“柳泉書畫”、“予惟時其遷居西尔”、“大倉文化財團藏書”朱印。

案語：《天一閣書目》卷三之二載此書藍絲欄鈔本，有“東明”二字與“萬古同心之學”六字二圖章。

新編三場文海卷第一

經學類（一）

經傳格言　在止至善記大學曰大學之道在明明德在親民在止
於至善○為王者事楊子云學之為王者事其已久矣堯舜禹湯
文武汉汉仲尼皇皇其已久矣　並新添

故事綱領　克堯競兢日行其道　舜業業日致其孝董仲舒策
並新入　湯之於伊尹學焉而後臣之孟盤銘日德日新日
禹惜
寸陰　○高宗惟學遜志務時敏厥修乃來允懷于兹道○文王在傳
日新記　積于厥躬惟敦學半念終始典于學閣覺書曰就月
成王敬之群臣進戒嗣王也曰

傳弗勤廢師師弗煩圖語○漢高祖不修文學天性明
將學有緝熙于光明佛時仔肩示我顯德行詩周禮訓誦掌道方
志以詔觀事難以告王觀博古久所識之○馬上得之安事詩書賈日馬
達本紀陸賈稱說詩書帝日乃公居馬上得之
上得之寧可以馬上治乎遂著新語十二篇每奏一篇帝未嘗不
稱善本傳　新入　○武帝卓然罷黜百家表章六經　新入　東方朔言

楊氏六帖補二十卷

清萃古齋鈔本

DC0152一夾板五冊

　　宋楊伯嵒集。

　　楊伯嵒（？—1254），字彦瞻，號泳齋，代郡人。宋淳祐中以工部守衢州。

　　書高27.4釐米，寬17.8釐米。版框高18釐米，寬12.5釐米。每半葉十行，行十六字。白口，單黑魚尾，四周單邊。無葉次。版框外左下鐫"萃古齋鈔本"。清諱"玄"、"燁"、"弘"等字皆不避。

　　卷一首葉第一行題"六帖補卷第一"，第二行題"代郡楊伯嵒彦瞻集"，第三行起正文。

　　書首有壬寅呂午"楊氏六帖補序"，"六帖補目錄"。書末記校正者姓名。

　　書根墨書"楊氏六帖補"及類目、冊次。書中鈐"大倉文化財團藏書"朱印。

六帖補卷第一　　　　代郡楊　伯嵒　彥瞻

天文

天

虗碧

玉源夫人中秋詩云玉兔步虗碧

瓊宮

思玄賦覿天皇于瓊宮

通明殿

玉帝殿名嘗有紅雲擁之東坡詩云侍臣

新編羣書類要事林廣記十卷

日本元祿十二年（1699）刻本

DC0658十冊

元陳元靚編。

陳元靚，生平不詳，南宋末年建州崇安人。

書高26.3釐米，寬18.4釐米。版框高21.5釐米，寬16.7釐米。每半葉十四行，行二十四至二十六字不等。下粗黑口，單白魚尾，四周單邊。魚尾下記"事林廣記"及卷次，又下記葉次，下粗黑口鐫干支計數。書內封刻"卤潁陳元靚編/事林廣記/洛陽書肆鐫行"。目錄後牌記刻"此書因印匠漏失版面已致/有誤君子今再命工修補/外新增添六十餘面以廣其/傳收書君子幸垂鑒焉/泰定乙丑仲冬增補"。書後有刊記"元祿十二姑洗日/京極通五條上ル町/中野五郎左衛門/同松原上ル町/今井七郎兵衛/板行"。

卷一首葉第一行題"新編羣書類要事林廣記卷之一"，下空三格題"甲集"，第二行題"西潁陳元靚編"，第三行起正文。

書首有貞亨元年遯菴由的序，"新編纂圖增類羣書類要事林廣記目錄"。

書中鈐"大倉文化財團藏書"朱印。

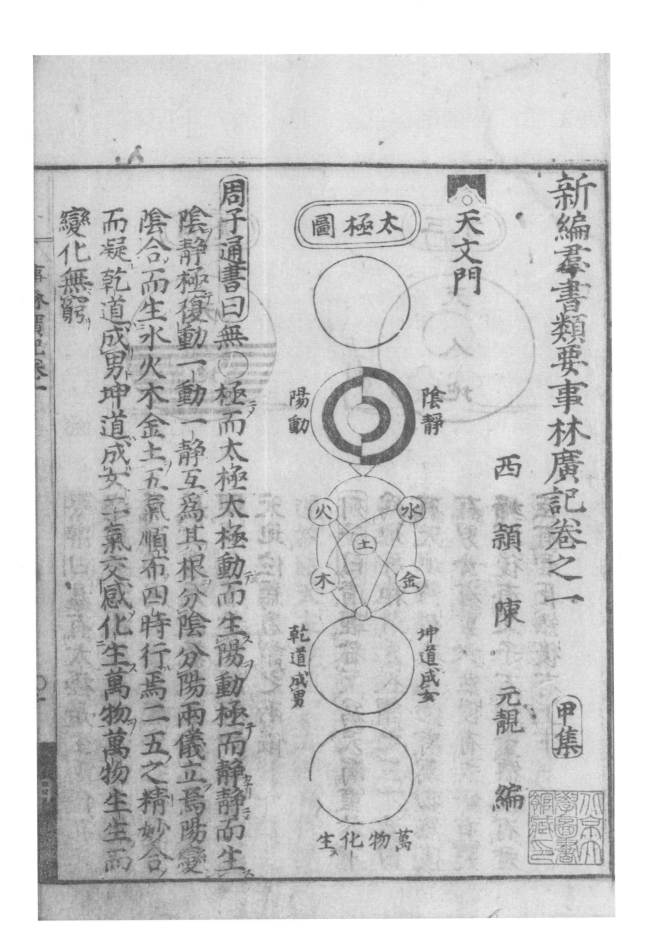

新編群書類要事林廣記卷之一 甲集

天文門

西謎陳 元靚 編

太極圖

陽動　　　　陰靜

火　　水
　土
木　　金

乾道成男　　坤道成女

萬物化生

周子通書曰無○極而太極太極動而生陽動極而靜靜而生
陰靜極復動一動一靜互爲其根分陰分陽兩儀立焉陽變
陰合而生水火木金土五氣順布四時行焉二五之精妙合
而凝乾道成男坤道成女二氣交感化生萬物萬物生生而
變化無窮

新刻重校增補圓機活法詩學全書二十四卷

日本延寶元年（1673）積德堂刻本

DC0668十四册

明王世貞校正。

書高19釐米，寬14釐米。版框高17.2釐米，寬12.5釐米。每半葉十行，行二十五字，小字雙行，字數同。白口，雙黑魚尾，四周單邊。魚尾上方記 "圓機活法"，魚尾下方記類目及卷次，又下方記葉次。書衣書籤題 "圓機活法"，下小字題 "詩" 及册次。

卷一首葉第一行題 "新刻重校增補圓機活法詩學全書卷之一"，第二行題 "太倉鳳洲王世貞校正"，第三行題 "蕭灘後學楊淙參閱"，第四行題 "繡谷益軒唐謙繡梓"，第五行起正文。

書首有萬曆李衡 "敍圓機詩學活法全書"，"圓機詩學活法全書總目"，明曆丙申耕齋菊池跋。

書中鈐 "俟埜藏書"、"大倉文化財團藏書" 朱印。

案語：與DC0669《新刊校正增補圓機詩韻活法全書》合刻合印。

新刻重校增補圓機活法詩學全書卷之一

大倉　鳳洲　王世貞　校正

蕭灘　後學　楊淙　参閲

繡谷　益軒　唐謙　繡梓

天文門

天

叙事　河圖括地象易有太極是生兩儀未分其氣混沌清濁
既分覆冒者為天偃者為地　**釋名**　天坦也坦然高而遠
也至高無上從一大也　**物理論**　水土之氣升為天　**爾雅**　春為蒼天
夏為昊天秋為旻天冬為上天春言蒼天言其清夏秋言旻天言其情冬言上天
備也　**暴雅**　東西南北曰四方四方之隅曰四維天地四方曰六合

新刊校正增補圓機詩韻活法全書十四卷

日本延寶元年（1673）積德堂刻本

DC0669六冊

　　明王世貞增校。

　　書高19釐米，寬14釐米。版框高17.2釐米，寬12.5釐米。每半葉十行，行二十五字，小字雙行，字數同。白口，雙黑魚尾，四周單邊。魚尾上方記"圓機活法"，魚尾下方記"韻學全書"及卷次，又下方記葉次。書衣書籤題"圓機活法"，下小字題"韻"及冊次。書末有"延寶癸丑孟冬吉辰/雒陽西御門前/書林積德堂重梓"刊記。

　　卷一首葉第一行題"新刊校正增補圓機詩韻活法全書卷之一"，第二行題"弇州山人鳳洲王世貞增校"，第三行題"金陵三山益軒唐謙繡梓"，第四行起正文。

　　書首有"圓機韻學活法全書目錄"。

　　書中鈐"俟埜藏書"、"大倉文化財團藏書"朱印。

　　案語：與DC0668《新刻重校增補圓機活法詩學全書》合刻合印。

新刊校正增補圓機詩韻活法全書卷之二

俞州　山人鳳洲　王世貞　增校
饒三山益軒　唐謙　繡梓

東

東　獨用

多龍切。春方也。動也。記迍迍春東郊物象新。李東風扇淑
氣韓東風右披東記東風解凍書平秩東作圓夾諸東方則東
流莊順流而東行杜甫歙角漏天東淛瀟東

要囊　**天東**　荊公秀句

王東君回暖律之
東瓊一升袁叔謂謝莊日東無我卿當獨往杜中與諸將於山東出粗杜山西出粗杜
章東
東錦過江東春天概江東日暮雲困求外外闇畫

東渭北江東關星橋北松漢史山東出相山東謝莊日東没返賑日東没西

東酒一升漢史山東 山東收山東高獻封到關西獨步歸山東諸將

閣雲嶺東 墻東漢避世墻東王君公隱士王 河東孟移民於河東

州雪嶺東 應東仲也谷病夫直欲郎墻東 江

東狀林東門東 雞東叫怒索飯唐門東 狙東在二月三祖西

東狀林東也王天然平且氣清徹海門東 駕喜 崙嶺

林

新刻校正增補圓機詩韻活法全書十四卷

日本明治二十九年（1896）銅版印本

DC0670二册

明王世貞增校。

書高17.8釐米，寬11.9釐米。版框高14.5釐米，寬10釐米。每半葉十五行，行四十一字，小字雙行，字數同。白口，單黑魚尾，四周雙邊。魚尾上方記 "圓機活法"，魚尾下方記 "韻學全書" 及卷次，版心下記葉次。卷端版框外右下記 "大坂村上昇進堂刻"。書衣籤題 "校正增補圓機活法韻學全書/近藤元粹校正"。書末有明治廿九年十一月十日印刷刊記。

卷一首葉第一行題 "新刻校正增補圓機詩韻活法全書卷之一"，第二行起正文。

書首有 "圓機韻學活法全書目録"。

書中鈐 "竹内"、"源醒狂印"、"大倉文化財團藏書" 朱印。

新剌校正增補圓機詩韻活法全書卷之一

東　獨用

東

（各韻文）

多籠枳春方也　龍紀延春東郊闉東郊物象新　圖東風扇叔氣　東風右轉東風解凍東

天東　荊公諸東方剛東流囷順流而東行囷國瞬暖律

河東　田用菽角扁天東　酒一升

典襄　區核民於河東　區核東方剛　淇淦東

日東　太玄日西　沒返照東出根山西　收山東　關山東

山東　漢史山東　出根山西

江東　囷過江　泰淑謂射莊日江東　劍閣星橋北

林東　拜林東　中興諸將

門東　囷東謂圃廚門　東謂敝海門東

嶺東　松州一嶺東

南東　圖南東　大明囷

生東　生於東　朝東　水不朝東

聚東　星聚東井

征東　漢馬超張遼皆為征東將軍

乃東　後生五月枯本草

易東　丁寬治易於田何　易已東矣

西東　如鄉子如浪漫

柄東　斗柄東指

天漢東　天漢東

金城東　金城從王雪東

八在

（右各韻）

三才圖會一百六卷

明萬曆己酉（三十七年，1609）刻本
DC0659十四函一百六册

　　明王圻纂集。

　　王圻（1530—1615），字元翰，號洪洲，嘉定江橋人。明嘉靖四十四年進士，歷任清江知縣、萬安知縣、御史、陝西提學使等職。

　　書高25.9釐米，寬17.2釐米。版框高20.8釐米，寬13.7釐米。每半葉九行，行二十二字。白口，四周單邊。版心上方記"三才圖會"及卷次，中記子目，又下記葉次，再下記字數。

　　卷一首葉第一行題"三才圖會卷之一"，第二行題"雲間元翰王圻纂集"，第三行題"曾孫爾賓重較"，第四行起正文。

　　書首有萬曆己酉周孔教"三才圖會序"，陳繼儒"三才圖會序"，萬曆丁未王圻"三才圖會引"，顧秉謙"三才圖會序"，"三才圖會凡例"，"三才圖會總目"。

　　書中鈐"大倉文化財團藏書"朱印。

三才圖會卷之一

雲間元翰　士圻篡集

曾孫爾賓重較

天文一

天文總圖　太微垣圖

紫微垣圖　天市垣圖

五車韻瑞一百六十卷附洪武正韻一卷

日本萬治二年（1659）京都八尾勘兵衛刻本
DC0672五十册

明凌稚隆編輯，日本菊池東匀點。

凌稚隆，生卒年不詳，字以棟，號磊泉，明浙江烏程人。

書高27釐米，寬18.7釐米。版框高21.5釐米，寬15.6釐米。每半葉十行，行二十字，小字雙行，行二十七字。白口，單黑魚尾，四周單邊。魚尾上方記"五車韻瑞"及卷次，魚尾下方記韻目，又下方記葉次，再下記刻工。有眉欄記韻目。書衣籤題"五車韻瑞"。書末鐫"萬治"。

卷一首葉第一行題"五車韻瑞卷之一"，第二行題"吳興後學凌稚隆以棟父編輯"，第三行起正文。

書首有謝肇淛"五車韻瑞序"，萬曆辛卯陳文燭"五車韻瑞序"，丁酉菊池東匀跋，"五車韻瑞目録"。

書中鈐"紹岱"、"大倉文化財團藏書"朱印。

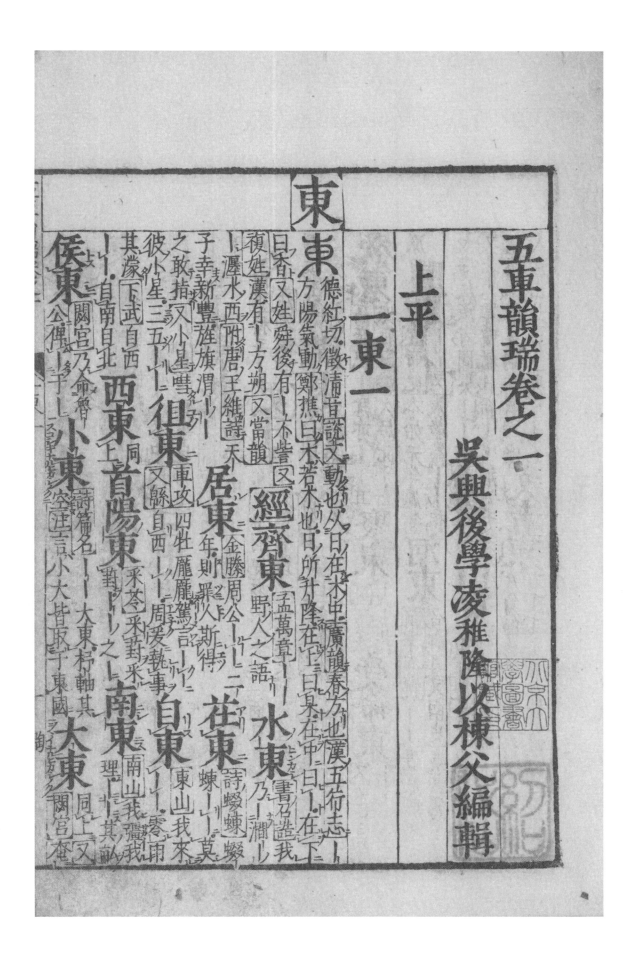

五車韻瑞卷之一 吳興後學凌稚隆以棟父編輯

上平

一東一

東

東 德紅切。徵清音說文動也从日在木中。廣韻春方以也。漢五行志
方陽氣動鄭撲曰東者木也日所升降在上三日昏在正四日昃在下
日香又姓舜後有□方朔又當韻又

複姓漢有□方朔又當韻 經齊東 [野人之語□□□

漯水西附唐王維詩天之 水東 書召誥我
子幸新豐雄旗渭□□ 金勝周公□□□ 莊東 [詩蟋蟀]蟋蟀
之敢指又卜星雙□□□ 罪人新得 東山我來莫
彼卜星三五一□□ 車攻 居東 年則 棟□□湘□
其濛下武自西 又縣自西 四牡麗麗□□ 自東 零雨
自南自北 西東主首陽東 周愛執事□□□ 南山我疆我
侯東 閟宮乃命魯 採苓採苓□□ 南東 [南山我疆我]

公侯□□乃命魯 小東 [詩篇名]大東 杼軸其 大東 [閟宫奕]
空注言小大皆取于東國 同上又

淵鑑類函四百五十卷目録四卷

清康熙四十九年（1710）內府刻本
DC0660二十函一百四十册

清張英等纂修。

張英（1637—1708），字敦復，一字夢敦，號樂圃，又號倦圃翁，江南桐城人。康熙六年進士，官至文華殿大學士兼禮部尚書。

書高25.1釐米，寬15.4釐米。版框高17.2釐米，寬11.8釐米。每半葉十行，行二十一字，小字雙行，字數同。上下粗黑口，雙黑魚尾，四周雙邊。版心上魚尾上記部名，下記"淵鑑類函"及卷次，又下記類目，下魚尾下記葉次。黃綾書衣，書衣書籤題"淵鑑類函"。

卷一首葉第一行題"淵鑑類函卷一"，第二行起正文。

書首有康熙四十九年"御製淵鑑類函序"，康熙四十一年張英等進表，纂修職名，凡例。

書中鈐"大倉文化財團藏書"朱印。

淵鑑類函卷一

天部一〈天〉

天一〈天〉

原釋名曰天坦也坦然高而遠也 增又曰天顯也在
上高顯也 原物理論曰水土之氣升而爲天 增又
曰天者旋也均也積陽純剛其體廻旋羣生之所大仰
也 原廣雅曰太初氣之始也清濁未分太始形之始也
清者爲精濁者爲形太素質之始也已有素朴而未散
也二氣相接剖判分離輕清者爲天 河圖括地象云
易有太極是生兩儀兩儀未分其氣混沌清濁旣分伏

又一部

DC0661二十函一百四十册

書高25.3釐米，寬15.4釐米。版框高17.2釐米，寬11.8釐米。書中鈐"大倉文化財團藏書"朱印。

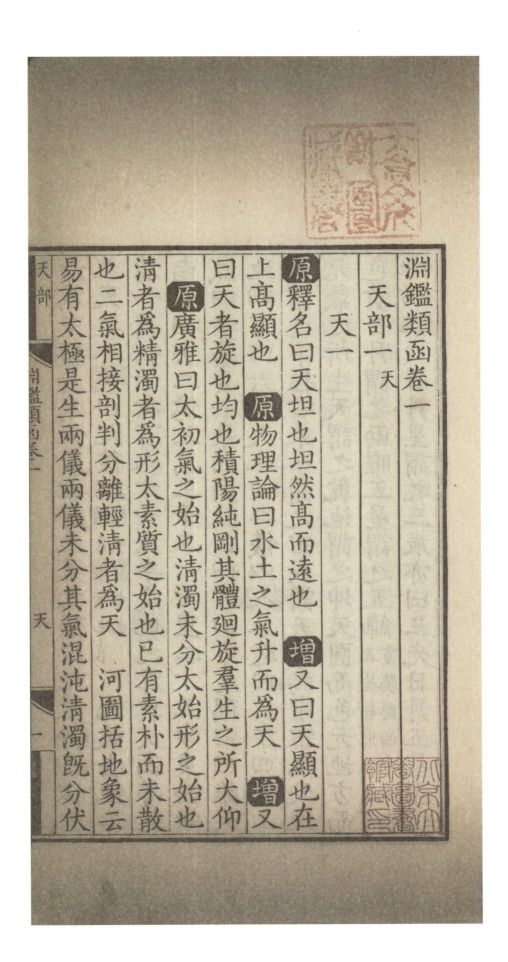

淵鑑類函卷一

天部一 天

天一 天

原釋名曰天坦也坦然高而遠也 增又曰天顯也在
上高顯也 原物理論曰水土之氣升而為天 增又
曰天者旋也均也積陽純剛其體廻旋羣生之所大仰
原廣雅曰太初氣之始也清濁未分太始形之始也
清者為精濁者為形太素質之始也已有素朴而未散
也二氣相接剖判分離輕清者為天 河圖括地象云
易有太極是生兩儀兩儀未分其氣混沌清濁旣分伏

天部 淵鑑頭函卷一 天 一

古香齋新刻袖珍淵鑑類函四百五十卷目録四卷

清刻本
DC0662二十四函一百九十二册

清張英等纂修。

書高16.1釐米，寬10.5釐米。版框高9.8釐米，寬8.1釐米。每半葉十行，行二十一字，小字雙行，字數同。白口，單黑魚尾，四周雙邊。魚尾上方記 "古香齋淵鑑類函"，魚尾下方記卷次及部名，又下記類目，版心下方記葉次。各函首册書衣書籤鈐 "書業興記發兑"。内封鑴 "古香齋袖珍淵鑑類函"。

卷一首葉第一行題 "古香齋新刻袖珍淵鑑類函卷一"，第二行起正文。

書首有康熙四十九年 "古香齋新刻袖珍御製淵鑑類函序"，凡例，纂修職名，康熙四十年張英等進表。

書中鈐 "大倉文化財團藏書" 朱印。

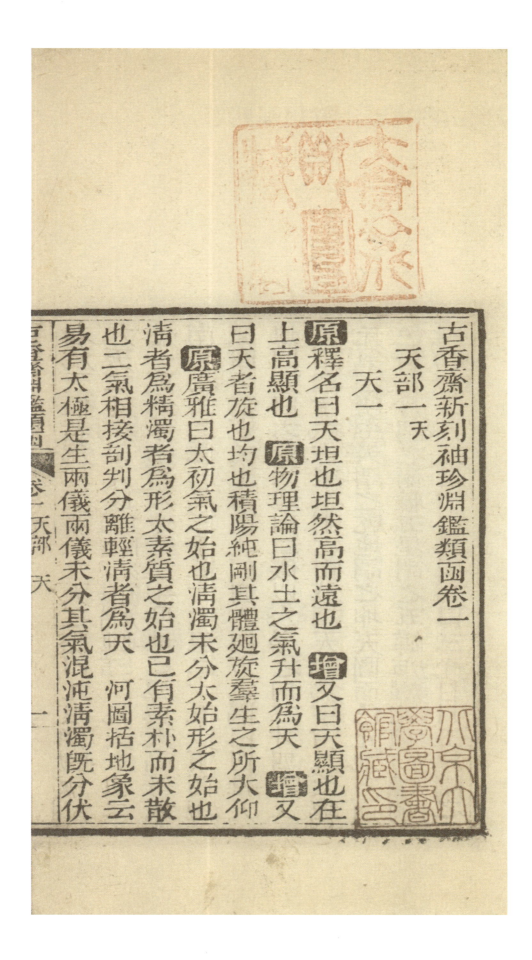

古香齋新刻袖珍淵鑑類函卷一

天部一天

天一

原　釋名曰天坦也坦然高而遠也
上高顯也

原　物理論曰水土之氣升而為天　增又曰天顯也在

曰天者旋也均也積陽純剛其體廻旋鑾生之所大仰　增又

原　廣雅曰太初氣之始也清濁未分太始形之始也

清者為精濁者為形太素質之始也已有素朴而未散

也二氣相接剖判分離輕清者為天　河圖括地象云

易有太極是生兩儀兩儀未分其氣混沌清濁既分伏

淵鑑類函四百五十卷目錄四卷

民國十五年（1926）同文書局石印本
DC0663四函三十二冊

清張英等纂修。

書高19.4釐米，寬13釐米。版框高15.4釐米，寬10.6釐米。每半葉二十一行，行四十二字，小字雙行，字數同。白口，單白魚尾，四周單邊。魚尾上記"淵鑑類函"，魚尾下方記卷次及部名，又下記類目，版心下方記葉次。內封印"民國十五年影印/淵鑑類函/魯士藏書"，內封背面牌記題"民國丙寅季春/同文書局影印"。

卷一首葉第一行題"淵鑑類函卷一"，第二行起正文。

書首有康熙四十九年"御製淵鑑類函序"，康熙四十一年張英等進表，纂修職名，凡例。

書中鈐"大倉文化財團藏書"朱印。

淵鑑類函卷一

天部一　天

天一

原釋名曰天坦也坦然高而遠也　增又曰天顯也在上高顯也　原物理論曰水土之氣升而爲天　增又

原天者旋也均也積陽純剛其體迴旋羣生之所仰　原廣雅曰太初氣之始也清濁未分太始形之始也　河圖括地象云

清者爲精濁者爲形太素質之始也巳有素朴而未散也二氣相接剖判分離輕清者爲天　地廣雅云九天之際曰九垠

易有太極是生兩儀兩儀未分其氣混沌清濁旣分伏者爲天偃者爲地廣雅云東西南北曰四維天高等天

九天之外次曰九陔　其階次有九也

地四方曰六合天謂之乾地謂之坤天圓而色元地方而色黃日月謂之兩曜五星謂之五緯

南北相去二億三萬三千五百七十五里二十五步東西短減四步　東西南北曰四方之宇往古來今謂之宙

元氣之所生天謂之乾地謂之坤天圓而色元地方而色黃日月謂之兩曜五星謂之五緯

北方辰中央鎮也　東方青帝靈威仰南方赤帝赤熛怒西方白帝白招拒北方黑帝叶光紀中央黃帝含樞紐

皇太帝亦曰昊天上帝即曜魄寶也亦曰天　其佐曰五帝

日月星謂之三辰亦曰三光日月五星謂之七曜五經通義云天神之大者曰昊天上帝

周易曰大哉乾元萬物資始乃統

天雲行雨施品物流形大明終始六位時成時乘六龍以御天乾道變化各正性命

象又曰天地之道貞觀者也　又曰觀乎天文以察時變　又曰天尊地卑乾坤定矣　增又曰天行健君子以

自強不息　原又曰立天之道曰陰與陽　增又曰乾爲天

昊天　增又曰皇天無親惟德是輔　詩曰敬天之渝無敢馳驅　又曰謂天蓋高不敢不跼　原尚書曰乃命羲和欽若

地之道博也厚也高也悠也久也日月星辰繫焉萬物覆焉　又曰天則不言而信天無私覆是天道　又曰天在天成

露無非敎也　又曰天不愛其道故天降甘露　又曰天有四時春夏秋冬風雨霜　原禮記曰天

原論語曰天何言哉四時行焉百物生焉　又曰孟冬之月天氣上騰地氣下降　又曰清明象

天　又曰著不息者天也聖人作樂以應天　爾雅曰穹蒼蒼天也春爲蒼天夏爲昊天秋爲旻天冬爲上

天部　天　　　一

御定駢字類編二百四十卷

清雍正四年（1726）內府刻本
DC0665二十函一百三十冊附二冊

　　書高23.5釐米，寬14.9釐米。版框高17.2釐米，寬11.8釐米。每半葉十行，行二十一字，小字雙行，字數同。上下大黑口，雙黑魚尾，四周雙邊。魚尾上方記“天地門”，上魚尾下題“駢字類編”及卷次，又下記細目，下魚尾下記葉次。

　　卷一首葉第一行題“御定駢字類編卷第一”，第二行起正文。

　　書首有雍正四年“御製駢字類編序”，“御定駢字類編凡例六條”，“御定駢字類編監修校對總裁纂修監造諸臣職名”，“御定駢字類編目録”。

　　附《御定駢字類編畫引索引》二冊，日本寫本。

　　書中鈐“大倉文化財團藏書”朱印。

御定駢字類編卷第一

天地門一

天

天地〔易乾〕夫大人者與一一合其德　〔又坤〕一一變化草木蕃一一閉賢人隱〔又泰象〕日一一交泰后以財成一一之道輔相一一之宜以左右民〔又豫象〕以順動故日月不過而四時不忒〔又復象〕復其見一一之心乎〔又咸象〕一一感而萬物化生聖人感人心而天下和平觀其所感而一一萬物之情可見矣〔又豐象〕一一盈虛與時消息

注言聖人作易與一一相準謂準擬天坤順以一一法地之類是也〔又〕廣大配一一〔又〕範圍一一之化而不過〔又繫辭〕易與一一準則乾健以法之大德曰生〔又說卦〕一一定位山澤通氣惟一一萬物父母　惟人萬物之靈〔書泰誓〕少保曰三孤貳公弘化寅亮一一弼予一人〔書〕周官少師少傅昊天有成命郊祀一一也〔禮記曲禮〕天子祭一一〔詩小序〕詩一一祭

天地門

駢字類編卷一　天　一

御定駢字類編二百四十卷

清雍正四年（1726）內府刻後印本

DC0666二十函一百二十冊

書高28.2釐米，寬17.4釐米。版框高17.1釐米，寬11.9釐米。每半葉十行，行二十一字，小字雙行，字數同。上下大黑口，雙黑魚尾，四周雙邊。魚尾上方記"天地門"，上魚尾下題"駢字類編"及卷次，又下記細目，下魚尾下記葉次。

卷一首葉第一行題"御定駢字類編卷第一"，第二行起正文。

書首有雍正四年"御製駢字類編序"，"御定駢字類編凡例六條"，"御定駢字類編監修校對總裁纂修監造諸臣職名"，"御定駢字類編目錄"。

書中鈐"大倉文化財團藏書"朱印。

御定駢字類編卷第一

　天地門一

　　天

天地〔易〕乾夫大人者與‖‖合其德〔又〕坤‖‖變化

以財成‖‖以順動故日月不過而四時不忒‖‖萬物之化生聖人感

天地草木蕃‖‖閉賢人隱‖‖之道輔相‖‖之宜以左右民〔又〕泰象曰‖‖交〔又〕豫象‖‖后〔又〕復象‖‖見其

人見‖‖之心而天下和平觀其所感而‖‖感而‖‖〔又〕咸象‖‖感而‖‖萬物化生聖人感人心而天下和平矣

〔又〕豐象‖‖盈虚與時消息謂準擬‖‖〔又〕繫辭‖‖則易與乾健以法準

注言聖人作易與‖‖之類是也〔又〕範圍‖‖之道貞觀者也‖‖之化而不過〔又〕

之大德曰生‖‖惟人萬物之靈〔又〕說卦‖‖定位山澤通氣〔又〕周官‖‖書泰誓‖‖詩小序‖‖

大坤順以法地之類‖‖〔又〕廣大配‖‖惟人‖‖之父母〔又〕少師少傅‖‖

惟天有成命郊祀‖‖也‖‖禮記曲禮‖‖天子祭‖‖祭

少保曰三孤貳公弘化寅亮‖‖弼予一人‖‖

昊天有成命‖‖

天地門　駢字類編卷一　天

分類字錦六十六卷

清康熙六十一年（1722）內府刻本
DC0664八函四十册

清張廷玉等編纂。

書高27.3釐米，寬16釐米。版框高18.7釐米，寬12.6釐米。無行欄。每半葉八行，行二十四字，小字雙行，字數同。白口，單黑魚尾，四周雙邊。魚尾上方記"分類字錦"，魚尾下記卷次及類目，下記細目，又下方記葉次。

卷一首葉第一行題"分類字錦卷一"，第二行題"天文"，第三行起正文。

書首有康熙六十一年"陳邦彥奉敕敬書御製序"、"校勘承纂分纂繕寫監造官員職名"、目錄。

書中鈐"康儀鈞印"、"樓山康氏收藏"、"太原康少山"、"少山"、"大倉文化財團藏書"朱印。

分類字錦卷一

天文

天第一

二字成對

覆幬　〔禮記〕辟如天地之無不持載無不——

照臨　〔詩〕明明上天——下土

行健　〔易〕天——

居高　白虎通天鎮也——理下爲人鎮也

包地　蔡邕文天體運——之外　行——之外

臨下　〔詩〕——有赫

聽卑　史記宋世家子韋曰天高——

相協　〔書〕惟天陰騭下民——厥居　孔傳居民是助合其定下民是助使有長生之資

鑒觀　〔詩〕——四方求民之莫　鄭箋天乃監察天下之

分頖字錦　卷一　天文　天　一

子史精華一百六十卷

清刻本

DC0667六函六十四册

清允祿等纂。

書高26.3釐米，寬15.5釐米。版框高17.8釐米，寬12.6釐米。每半葉八行，行二十四字，小字雙行，字數同。白口，單黑魚尾，四周雙邊。魚尾上方記"子史精華"，魚尾下方記卷次類部，又下方記細目，版心下記葉次。

卷一首葉第一行題"子史精華卷一"，第二行起正文。

書首有雍正五年"御製子史精華序"，雍正五年"開列御定子史精華監修校對總裁纂修監造諸臣職名"，"子史精華目錄"。

書中鈐"大倉文化財團藏書"朱印。

子史精華卷一

天部一

天

管子　天——————地化生無法崖〔注〕渟古若鼓

清陽無計量
管子　夫天以陽氣育生萬物、物生不可計量〔注〕楲擋則擊〔注〕楲當爲擊

有樽
管子　夫天地一險一易〔注〕之——嚮險易猶否泰、夫天地否泰應德而至、猶鼓之含嚮應擊而鳴

萬物臺
者也　萬物臺物之臺〔注〕苴裹萬物在天地之中、故爲臺也　四時

云下
管子　天不動——而　常象
管子　天有——地有常形

謂三動化從新
萬物化〔注〕〔注〕云運動貌也　常人有常禮一設而不更此〔注〕天施地化
常日夜不息、故能生成不已、以天地變不可留停

佩文韻府一百六卷

清康熙五十年（1711）武英殿刻本
DC0673十六函九十五冊

清張玉書等纂。

書高22.8釐米，寬14.1釐米。版框高16.7釐米，寬11.7釐米。每半葉十二行，行二十五字，小字雙行，字數同。白口，單黑魚尾，四周雙邊。魚尾上方記"佩文韻府"，魚尾下方記卷次，又下方記韻目，版心下記葉次。

卷一首葉第一行題"佩文韻府卷一"，第二行起正文。

書首有康熙五十年"御製佩文韻府序"，康熙四十九年"開列佩文韻府纂修監造官員職名"，"佩文韻府卷一韻目"。

書中鈐"玉堂清暇"、"紹岐"、"大倉文化財團藏書"朱印。

東韻

佩文韻府卷一
上平聲
一東韻

東　德紅切春方也禮記大明生於東又姓陶潛聖賢羣輔錄舜友｜｜動｜｜從正在木中會意

漢書少陽在｜又姓李孝先詩楚帆連日｜｜歸老分

小東　詩其空言大來西杼柚
自東　詩我言自西｜｜皆取柚
白東　詩周公東征罪人斯得二

給於東國　又白居易詩喜錢左丞再除華州之東轄
大東　詩我言沂歲荒　蘇軾
侯東　詩乃命魯公俾｜于｜門東　又杜甫詩疏南天子迎賓索餞啼
租東　詩自西言｜｜阻
南東　詩遂荒
在東　詩蟪蛄
東國　詩蝀

韻藻
闌東　左傳越滅吳使｜育浩在｜國故｜｜依然在江上
易東　漢丁寬學易於田何今品略云楊震何日薛能股肱
郭翼　詩青草池塘亂｜｜蝦蟇則慕歸君耳
活東　爾雅｜｜科斗也
河東　郡名楊成特辟歸君
居東　書記年書周公慕也唐人

闌東　青山接殘照在｜吳使吳王居
膠東　漢靈運詩置酒飲相謝道東六市在道西三安立九市其
牆東　後漢書避世老夫直欲臥王君公黃
丁寬　楊萬家作賦擬左置酒飲楊震關西
鎮東　誕皆爲三國趙雲胡將軍諸葛征
道東　漢宮闕疏長安三市立雲市
征東
甬東　書則罪人吾股肱

佩文韻府一百六卷韻府拾遺一百六卷

日本明治十八年（1885）東京鳳文館銅版印本

DC0674九十九册

清張玉書等纂，清汪灝拾遺。

書高23.2釐米，寬15.4釐米。版框高19.5釐米，寬13.5釐米。每半葉十八行，行五十五字，小字雙行，字數同。白口，單黑魚尾，四周雙邊。魚尾上方記"佩文韻府"，魚尾下方記卷次，又下方記韻目，版心下記葉次。書衣籤題"佩文韻府"。內封印"明治十五年七月/佩文韻府/東京鳳文館"。書末有"明治十八年四月出版"刊記。各卷目録後鈐"大日本帝國東京山中前田二氏鳳文館藏版"朱印。

卷一首葉第一行題"佩文韻府卷一"，第二行起正文。

書首有康熙五十年"御製佩文韻府序"，"佩文韻府卷一韻目"，康熙四十九年"開列佩文韻府纂修監造官員職名"。書末有明治十八年依田百川"書鳳文館本佩文韻府後"，明治十八年矢土勝之跋。

書中鈐"大倉文化財團藏書"朱印。

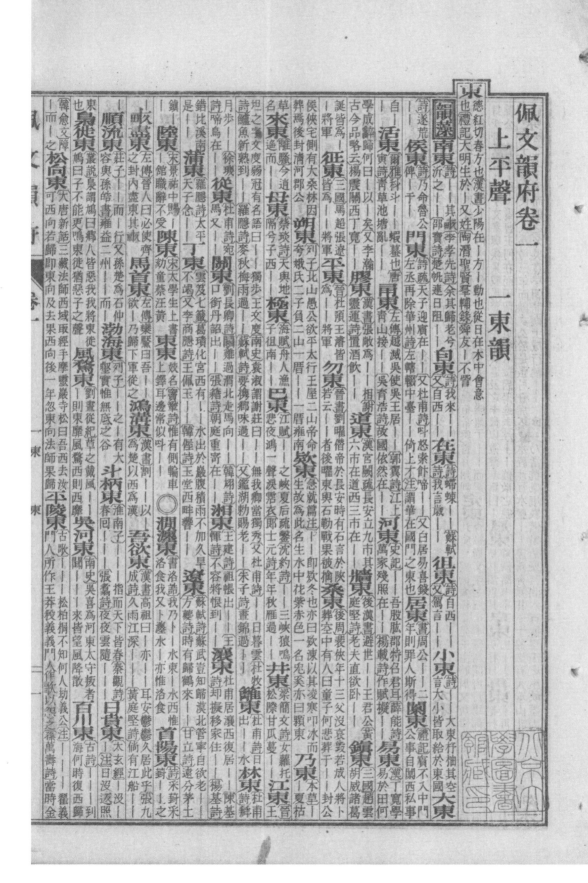

佩文韻府卷一

上平聲

一東韻

東

又一部

DC0675六函三十册

書高23.2釐米，寬15.7釐米。版框高19.5釐米，寬13.5釐米。

內封鈐"鳳文館"朱印記。

書中鈐"大倉文化財團藏書"朱印。

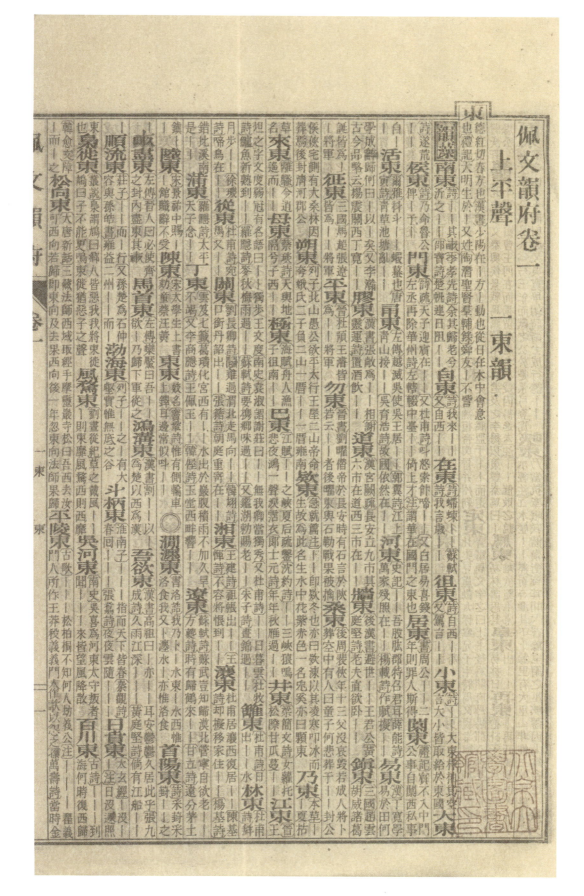

佩文韻府卷一

上平聲

一東韻

佩文韻府一百六卷韻府拾遺一百六卷

清光緒壬辰（十八年，1892）上海同文書局石印本

DC0676六十冊

　　清張玉書等纂，清汪灝拾遺。

　　書高20.2釐米，寬13.3釐米。版框高16.2釐米，寬11.7釐米。每半葉二十四行，行五十字，小字雙行，字數同。白口，單黑魚尾，四周雙邊。魚尾上方記 "佩文韻府"，魚尾下方記卷次，又下方記韻目，版心下記葉次。書衣籤及內封題 "欽定佩文韻府"。內封背面有 "光緒壬辰仲秋上海同文書局石印" 牌記。

　　卷一首葉第一行題 "佩文韻府卷一"，第二行起正文。

　　書首有康熙五十年 "御製佩文韻府序"，康熙四十九年 "開列佩文韻府纂修監造官員職名"。

　　書中鈐 "峴南窩"、"大倉文化財團藏書" 朱印。

佩文韻府卷一

上平聲

一東韻

東

韻府一隅平聲八卷仄聲八卷

日本文化十年（1813）刻本

DC0677一函二册

清顏懋功輯。

書高19.1釐米，寬12.8釐米。版框高14.1釐米，寬10.5釐米。每半葉八行，行十五字，小字雙行，行三十字，字間有日文訓點。白口，單黑魚尾，左右雙邊。魚尾上方題"韻府一隅"，魚尾下記卷次，又下方記葉次。書衣書籤題"韻府一隅"。內封鐫"吳趨顏懋功麓莊輯/乾齋中井先生刊校平聲之部/韻府一隅/浪速書林羣玉堂/東都書林青雲堂梓"。

卷一首葉第一行題"韻府一隅卷一"，第二行題"吳趨顏懋功麓莊輯"，第三行起正文。

書首有文政十年中井豐民"韻府一隅序"，朱崑玉序，丁亥大久保好如序，嘉慶八年顏懋功序，文政十年東條耕序，"韻府一隅目録"，目録後有文化十年渡邊昶奎翻刊識語。仄聲之部卷首有文正十一年川西貞潛序，文政戊子中井豐民序。

韻府一隅卷一

吳邊顏懋功 莊元龍輯

一東

東

南年 小門 甫墻 極井 籠迂 湘 蒲 東 暱
貞 邙 大闈 河滇 巴 江 林 離房
陝 鄭 復 鳳 再 峽 梁 令 兮 木 屋 城 麻 湖
漢 譙 入 阜 迎 樹 君 海 天 蓮 廊 畦 溪 鎮 橋
浙 郭 澗 瀍 獻 恭 吾 欲 渤海 白川 馬 復 東川 五湖 門 東
庭 澗 首陽 馬首 順流 牛柄 茨桑 苑 東復 久陽
茅屋 鶴向 桃亂 秋水 杏園 弊江 書樓 桂堂 鴈西 小橫
章橋 岳道 錦字 湖岸 竹泉 煙火 露井 小轆 花影 紫陌
海門 大江 巷西 隔西 蕚湖 古橋 鳳凰 煙櫚 楊柳 暘谷
菊渾 日夜 善江 屋西 厭廊 洞庭 水雲 西峯 片帆 夜郎

欽定古今圖書集成一萬卷目録四十卷
考證二十四卷

清光緒上海同文書局影印本
DC0165五百二十八函五千四十四册

清蔣廷錫等奉敕編校。

蔣廷錫（1669—1732），字揚孫，一字西君，號南沙、西穀、青桐居士，江蘇常熟人。康熙四十二年進士，官至户部尚書、文華殿大學士、太子太傅。卒諡文肅。

書高28.6釐米，寬18.2釐米。版框高21.5釐米，寬15.1釐米。每半葉九行，行二十字，小字雙行，字數同。白口，單白魚尾，四周雙邊。魚尾上方記"古今圖書集成"，下方記某編某典卷次及某彙考次第。函套及書衣書籤題"欽定古今圖書集成"。

卷一目録首葉第一行題"欽定古今圖書集成曆象彙編乾象典"，第二行題"第一卷目録"，第三行目録。正文第一卷第一行題"乾象典第一卷"，第二行題"天地總部彙考一"，第三行起正文。

書首有雍正四年"御製古今圖書集成序"，雍正三年蔣廷錫等表文，"欽定古今圖書集成凡例"，"欽定古今圖書集成總目"。

首册書尾襯葉鈐："江南江西總督關防"（滿漢文）朱印。書根墨書"圖書集成"某編某典卷次及册次。

案語：清外務部委託上海同文書局據雍正四年銅活字本影印。

乾象典第一卷

天地總部彙考一

易經

繫辭上傳

天一地二天三地四天五地六天七地八天九地十

本義 此言天地之數陽奇陰偶即所謂河圖者也

天數五地數五五位相得而各有合天數二十有五

地數三十凡天地之數五十有五此所以成變化而

行鬼神也

林園月令八卷二編八卷

日本金生堂刻本
DC0882一函四册

日本館機樞卿纂輯。

書高12.5釐米，寬8.9釐米。版框高9.4釐米，寬7.1釐米。每半葉七行，行十五字。白口，單黑魚尾，左右雙邊。魚尾上方記"林園月令"，魚尾下記卷次，又下方記葉次。二編行款同上。書首內封題"柳灣先生纂輯/林園月令/金生堂發兌"。書末有刊記。

卷一首葉第一行題"林園月令卷一"，第二行題"新潟館機樞卿纂輯"，第三行題"福山伊澤信厚朴父糸校"，第四行起正文。

書首有天保辛卯松崎序，"林園月令目録"。四卷末均有柳灣先生纂輯"林園月令補遺"。

書中鈐"教卿"朱印。

林園月令卷

新瀉館 機杼卿

福山 伊澤信厚朴父 絲校

美景

春

禮記鄉飲酒義 東方者春春之爲言蠢

也產萬物者聖也 注蠢動生之貌 疏東

方產育萬物故爲春爲聖 爾雅春爲

林園月令 卷一 春

林園月令三編十六卷

日本金生堂刻本

DC0883八册

日本館機樞卿纂輯。

書高12釐米，寬8.8釐米。版框高9.2釐米，寬7釐米。每半葉七行，行十五字，字旁有日文訓讀。白口，單黑魚尾，左右雙邊。魚尾上方記"林園月令"，魚尾下記"三編"卷次，又下方記葉次。書衣書籤題"林園月令三編"。内封鐫"柳灣先生纂輯/林園月令三編/金生堂發兑"。書尾跋末行下題"東京富沢町櫻井久五郎藏板"，三都書肆刊記。

卷一首葉第一行題"林園月令三編卷一"，第二行題"新潟館機樞卿纂輯"，第三行題"福山伊澤信厚朴父糸校"，第四行起正文。

書首有"林園月令三編目録"。書末有明治三年館機德跋。

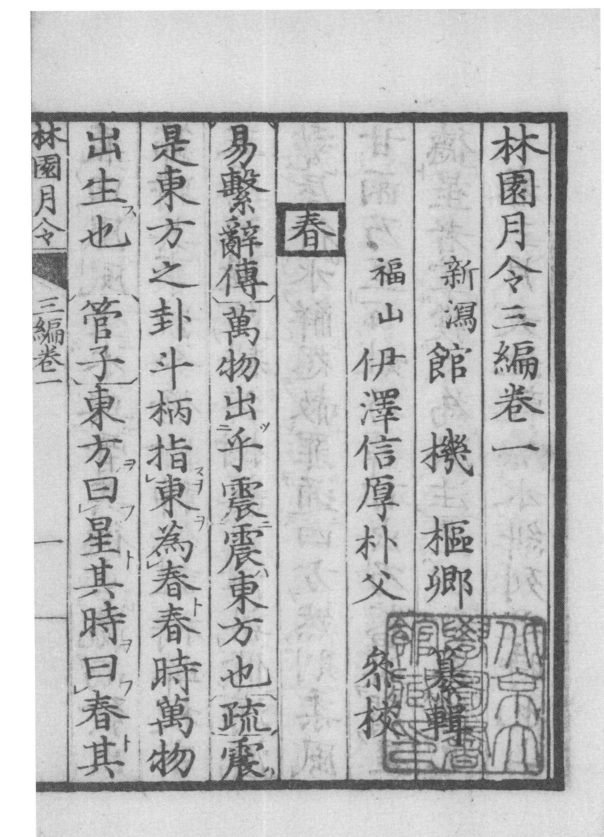

林園月令三編卷一

新潟館　機　樞鄉

福山　伊澤信厚朴父　纂輯

　　　　　　　　　　　　參校

■春■

易繫辭傳　萬物出乎震震東方也　疏震
是東方之卦斗柄指東為春春時萬物
出生也　管子東方曰星其時曰春其

鼇頭韻學圓機活法八卷

日本明治十五年（1882）尚書堂銅版印本
DC0671二册

日本山崎昇編輯。

書高14釐米，寬9.3釐米。版框高11.6釐米，寬7.4釐米。兩截版。每半葉十行，行二十五字，小字雙行，字數同。上截版半葉十二行，行十二字，小字雙行，字數同。白口，單黑魚尾，四周雙邊。魚尾上方記"圓機活法"及韻目，魚尾下方記卷次、類目、葉次，版心下記"尚書堂藏版"。卷端右邊框下記"大阪高麗橋栴檀木響泉堂刻"。書衣籤題"鼇頭韻學圓機活法/山崎昇編輯"。內封印"圓機活法"。書後有明治十五年版權葉。

卷一首葉第一行題"鼇頭韻學圓機活法卷一"，第二行空，第三行題"大日本信陽赤城山崎昇編輯"，第四行空，第五行起正文。眉欄鐫"韻學"。

書首有明治辛巳長愿"圓機活法引"，明治十五年水香市邨謙"圓機活法序"，"鼇頭韻學圓機活法總目"。

書中鈐"大倉文化財團藏書"朱印。

韻學

鰲頭韻學圓機活法卷一

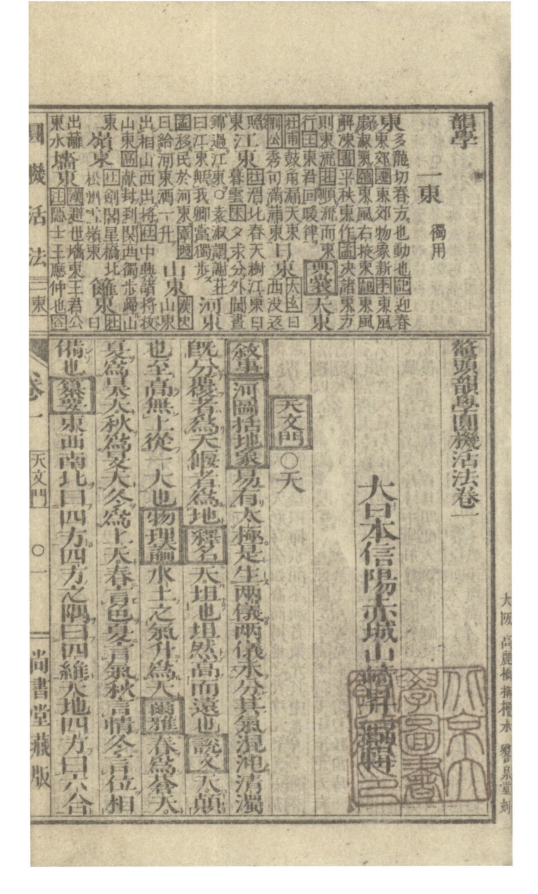

一東 獨用

東多龍切春方也動也迎也

東郊東郊新物象

則東君回順東風

行雨鼓可滿蒲天暖律而東圃

麻淑氣圜平秋作東方

東氣圜順東風

照江東暮雲困困北春天樹分外圜畫

東江東困渭困日東西没日

錦江東熊我郷堂獨因山東國因

日過江東酒一升表叔調湘莊

日給河西出相山西出揚困中典諸將校

出薤圖移民於河東獻封到關西獨步卿山

山東嶺東松州嶺東避世橋東王君公

東出水離牆東圜隱士王應仲也圖

圓機活法二東

天文門 ○天

天 河圖括地象易有太極是生兩儀兩儀未分貝氣混沌清濁

肇分輕清者為天渾者為地釋名太坦也坦然高而遠也說文天顛

既至高無上從一大也物理論水土之氣升為天爾雅春為蒼天

也至高無上從一大也物理論水土之氣升為天爾雅春為蒼天

莫為昊天秋冬為大冬為上天春夏邑夏言氣秋言情全三位相

備也變泉曲南北日四方四方之隅曰四維大地四方曰六合

參一 天文門 ○一

尚書堂藏版

韻偶大成二卷姓氏録一卷

日本昭和二年（1927）聲教社鉛印本

DC0896一函三册

日本上村才六編。

書高23.3釐米，寬15.6釐米。版框高19.5釐米，寬12.3釐米。每半葉十二行，小字雙行，字數不等。白口，四周雙邊。版心上方記"韻偶大成"及卷次，中記類目、細目，又下方記葉次。書衣書籤上題"韻偶大成"，下署"己未秋九月/滑川達題"。姓名録末有版權葉。

卷一首葉第一行題"韻偶大成卷上"，第二行下題"上村才六編"，第三行起正文。

書首有大正己未勺水日下寬序，昭和二年天隨久保得二序，大正己未賣劍上村才六自序，凡例十則，參考書目。

韻偶大成卷上

上村才六 編

一東

東

海右｜松際｜　燕北｜渭北｜日下
井｜齊｜江｜天｜席｜　硯北　雲北　爐｜　牀北　隴畔　尚左　闕下　竹外　平北　閭左
　河內　河朔

五陵上｜將無外　金錯落　雞塞北　三島外　五湖｜　深竹裏　榆塞外　山遠近　身老大
九門｜更有｜　玉丁｜　鳳城｜　平燕外　疊浪｜　碧梧｜　柳城｜　地維｜　路西
　京　濟　安　郭　城　蓮　先

洛下山北　寸晷京口　空翼北　牀上下　燕支北　崑崙側　丹水北　重雲下　秋色裏　星橋外　梅影畔　竹籬｜
齊｜城｜西｜浙｜　秀汀｜　太白｜　地軸｜　錦城｜　積水｜　早潮｜　斗柄｜　竹外｜　瀟水｜

山川入虞貌　雛帆方楚越　寧問春將夏　客心猶向北　客夢孤舟裏　鄉山積水　朔色晴天北　河源落日
風俗限西｜　溝水復西｜　誰論西復｜　河水自歸｜　機息鷗先下｜　花飛水自｜　天地年年老　江河日日｜
　甚　李陸　昂　陳子　王維　劉復　鄧文　原文　熊　顧非　賀島

漁屋渾環水　春至鴻聲北　王化何時北　聞雞憑早晏　占斗辨西｜　故人相爾汝　一身將老大　百口尚西｜
晴湖半落｜　人遙蝶夢｜　江流日夜｜　花信短牆口　酒旗斜路口　今日又西｜　江河日日｜
　道　大　周必大　柴望　隨惠　洪　石沆　佟世　李存

用不限西｜　桑榆巷南北　所嗟人向北　花信短牆口　故人留湖上　塞雁去經華頂末　鄉僧來自海濤｜
煙火隟西｜　不似水流｜　遊魂永永無歸日　書爲故事留湖上　吟作新詩寄浙｜　今日又西｜
　王禎　章憲　屠隆　劉商　白居易　奇徹　周賀

勢難由上下　鄉路遙知淮浦外　流水年年自向｜　雨過短亭雲斷續　鶯啼高柳路西｜　林光巧轉滄波上　海色遙涵白日
　故人多在楚雲｜　冉　杜荀　歐陽修　臣　梅堯臣　曾鞏

寒禽皆嚮北　泉領藕花來洞口　山浦轉帆迷向背　書爲故事留湖上　鄉僧來自海濤｜
鴛馬更徙｜　故人多在楚雲｜　夜江看斗辨西｜　修

萬里山河星拱北　月將松影過溪｜　泉領藕花來洞口
百年人事水歸｜　鶴　杜荀鶴

高秋木落雁爲伴　草色有無春最好　隈柳迎迎忘爾汝　幾處笙歌人遠近　啼鳥不知春是客
久雨江深吾欲｜　客心去住水長｜　櫂聲來往自西｜　萬重花柳路西｜　落花還逐水流
　張九　成　范成大　大　朱南杰　杰　釋斯　植　高士談

又一部

DC0897一函二册

書高23.2釐米，寬15.3釐米。版框高19.5釐米，寬12.3釐米。
闕卷上一册。

韻偶大成卷下

上村才六 [印：編輯／藏書]

一先

先

象｜元始　德｜善長　幾｜繫表　鳴｜策後　聲｜居首
力滿｜雛菊晚　所｜執鞭後　嶺梅｜來自晚　負弩｜杯婆尾　到何｜隨僧久　局占｜三事老　報客｜流螢晚　百僚｜候雁

唯御極｜元始
乃尋｜百揆
老至居人下　宋之問
去帆風力滿　陳師道
菊催重九近　范成大
身竛枯蜎化　元好問
立志言為本　吳叔達

布帆風自趁　李文
雷聲喧浦近　黃夷
歲從燈下改　成仲
梅占小春
心爭脫兔　問
修身行乃　達

沙鳥霧爭　李文
農事憫時　黃夷
春訝曆頭　龍
朝露竟余　陸龜蒙
秋聲郭外　楙廷
天潙星如墜　查愼行
江空月最　行

秋餘黃葉後　方士庶
人到菊花　孔昭
迷煙依樹盡
江氣得秋　庚
別夢迷鷗外　姚椿
梅花拜最　葦
曙痕林梢盡　楙廷
殘夢度橋　堅
各懷器業寧推讓　孫偓
但上青霄肯後　燕公

龍蛇久蟄應思奮　王令
蛙蜩乘時已自｜
歸夢頻爭社燕　陸游
聲明偏在二公　之黃維
物華天寶無今古　賈益
鳳閣鸞臺孰後　謙
鑰斷黃精憐我老　燕公
詩成白戰覺君　楠

積薪未許論工拙　袁衷
拾級那能較後
冰消浙水知家近　謝翠
高才不肯居人下　史夔
四海論才偏我獨　劉開
一生知己更誰
解衣結客誰如昔　吳淮
出戶論交子最

前

帝｜日下
｜雲北
謝後｜虛左
盧｜參
春到閩山在客
嚴際｜瓶裏
門｜月　雨後
窗外｜林上
三驪外　羲皇上
一生知己更誰　晉宋
珠玉側｜粃糠
春光裏　柳色

歌扇底　蓬瀛上
舞衣｜崑閬
陰山下　江岸曲
屬玉｜郭門
登天上　青氣外
看鏡｜赤霄
汾水曲　橫吹後
絳臺｜凱歌
琴悲桂條上　上官儀
笛怨柳花
影移金曲　北　盧照鄰
光斷玉門　鄺

恍忽夜川裏　沈佺期
蹉跎朝鏡　期
樹轉宮猶出　王維
筯悲馬不
鳥囀深林裏　裴迪
心閑落照
青雲在目　高適
晚景臥鐘
白髮老閒事
秋花危石底　杜甫
九江春草外
三峽暮帆　同上

一　先
先前

世説新語八卷

明萬曆丙申（二十四年，1596）吳瑞徵刻巾箱本

DC0166一函四册

南朝宋劉義慶撰。

劉義慶（403—444），字季伯，南朝宋彭城人，官至江州刺史。

書高23.1釐米，寬12.8釐米。版框高12.1釐米，寬8.6釐米。每半葉八行，行十四字。白口，無魚尾，四周單邊。版心上方記卷次，下方記葉次。卷八末葉末行鐫"長洲章扞寫刻"。

卷一首葉第一行題"世説新語卷之一"，第二行題"宋劉義慶撰"，第三行起正文。

書首有丙申渤海吳瑞徵"世説新語敍"，萬曆丙申莊元臣"世説新語小引"，"世説新語目録"。

書中鈐"大倉文化財團藏書"朱印。

世說新語卷之一

宋 劉義慶 撰

德行第一

陳仲舉言爲士則行爲世範登車攬
轡有澄清天下之志爲豫章太守至
便問徐孺子所在欲先看之主簿白
羣情欲府君先入廨陳曰武王式商
容之閭席不暇煖吾之禮賢有何不

開元天寶遺事開元一卷天寶二卷

日本刻本

DC0682一册

後周王仁裕撰。

王仁裕（880—956），字德輦，先祖太原人，後遷居秦州上邦。歷仕唐、蜀、後唐、後晉、後漢，官至太子少保兵部尚書。

書高27.8釐米，寬18.2釐米。版框高20.3釐米，寬15.2釐米。無行欄。每半葉十行，行十八字，字旁有日文訓讀。上下黑口，雙花魚尾，四周雙邊。上魚尾下方記“天宝”，下魚尾上記葉次。書衣書籤題“開元天寶遺事”。

卷一首葉第一行題“開元天寶遺事”，第二行正文。

書首有王仁裕“開元天寶遺事序”，標目，卷末有紹定戊子陸子適識語。

書根墨書“開元天寶遺事”。書中鈐“南部氏藏書印”、“新野氏圖書記”、“松雪堂印”、“大倉文化財團藏書”朱印。

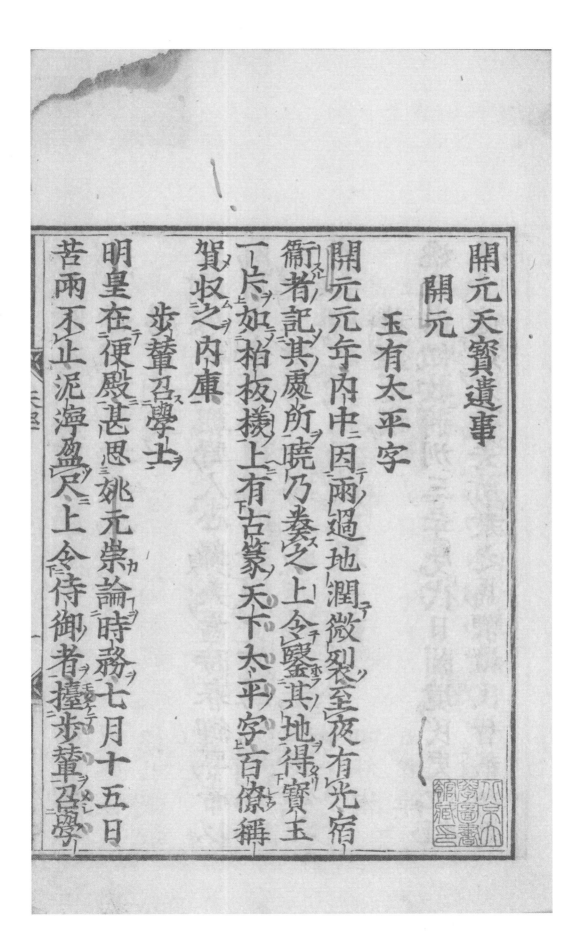

開元天寶遺事

開元

玉有太平字

開元元年内中因兩過地潤微裂至夜有光燭
衛者記其處所曉乃奏之上令鑿其地得寶玉
一片如柏板橫上有古篆天下太平字百僚稱
賀收之内庫

步輦召學士

明皇在便殿甚思姚元崇論時務七月十五日
苦雨不止泥濘盈尺上令侍御者擡步輦召學

西塘集耆舊續聞十卷

清道光咸豐間鈔本

DC0168一冊

宋陳鵠録正。

陳鵠，宋人，事蹟無攷。

書高26.5釐米，寬17.9釐米。每半葉九行，行十七字，小字雙行，字數同。版心下記葉次。清諱避至"寧"字，不避"淳"字。

卷一首葉第一行題"西塘集耆舊續聞卷之一"，第二行題"南陽陳鵠録正"，第三行起正文。

書中鈐"虞山錢曾遵王藏書"、"宛委山房珍藏"、"靜妙齋藏書"、"一六淵海"、"大倉文化財團藏書"朱印。

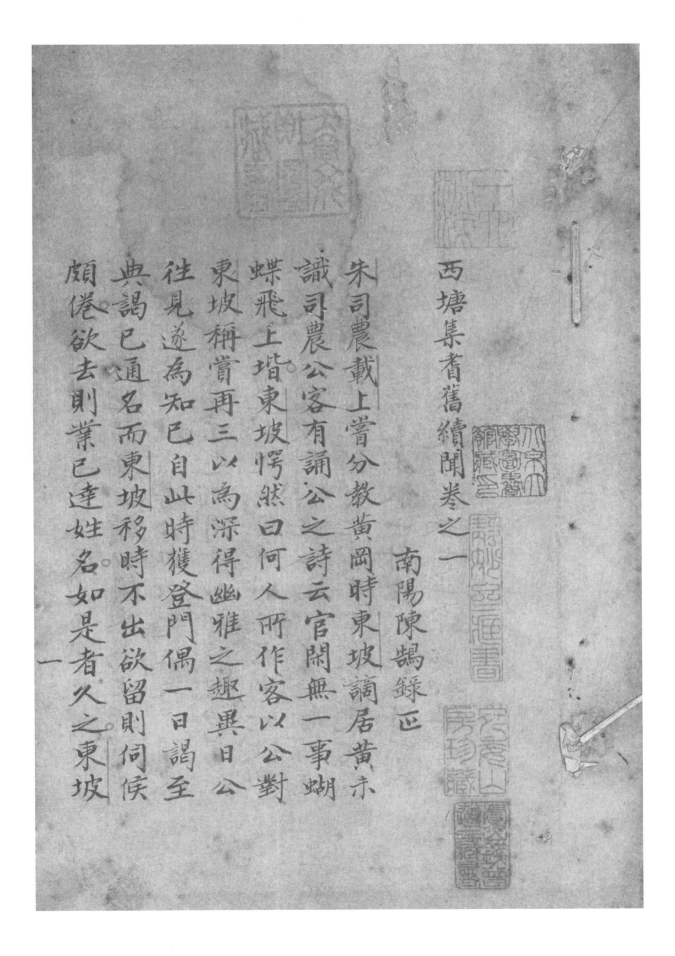

西塘集耆舊續聞卷之一

南陽陳鵠錄正

朱司農載上嘗分教黃岡時東坡謫居黃赤
識司農公客有誦公之詩云官閒無一事蝴
蝶飛上堦東坡愕然曰何人所作客以公對
東坡稱賞再三以為深得幽雅之趣興日公
往見遂為知已自此時獲登門偶一日謁至
典謁已通名而東坡移時不出欲留則伺候
顧倦欲去則業已達姓名如是者久之東坡

歸潛志八卷

清乾隆鈔本
DC0047一册

金劉祁撰。

劉祁（1203—1250），字京叔，號神川遁士，今山西大同市渾源縣人。

書高29.6釐米，寬18.1釐米。無行欄。每半葉十行，行二十三字。避"玄"、"弘"字，不避"寧"字。

卷一首葉第一行題"歸潛志卷第一"，第二行題"金渾源劉祁京叔"，第三起正文。

書首有乙未劉祁"歸潛志序"。

書內附紅格鈔《四庫提要》。

書衣墨題"歸潛志"，下署"此舊鈔本都八卷伯宛得之吳中屬山荷楬名"，鈐"九節生"朱印。書中鈐"仁龢吳氏雙照樓藏書"、"雙照樓收藏記"、"大倉文化財團藏書"朱印。

歸潛志卷第一

　　　　金　渾源　劉祁京叔

金海陵廣人讀書有文才為藩王時嘗書人扇云大柄若在
手清風滿天下人知其大志正隆南征至維楊望江左賦詩
云屯兵百萬西湖上立馬吳山第一峯其志氣亦不淺

宣孝太子世宗子章宗父也追謚顯宗好文學作詩善畫人
物馬尤工迄今人間多有存者

章宗天姿聰悟詩詞多有可稱者宮中絕句云五雲金碧拱
朝霞樓閣峥嵘帝子家三十六宮簾畫捲東風無處不楊花

真帝王詩也命翰林侍制朱瀾侍夜飲詩云夜飲何所樂所

閱微草堂筆記二十四卷

清道光十五年（1835）刻本

DC0171一函十二冊

清紀昀撰。

書高25.9釐米，寬14.8釐米。版框高17.3釐米，寬12.5釐米。每半葉十行，行二十一字。上下黑口，雙黑魚尾，四周雙邊。上魚尾下方記"閱微草堂筆記"及卷次，下魚尾上方記葉次。內封鐫"紀曉嵐先生筆/記五種/道光癸巳重鐫於羊城"。

卷一首葉第一行題"閱微草堂筆記卷一"，第二行空一格題"灤陽消夏録一"，下空七格題"觀弈道人撰"，第三行起正文。

內封背面有觀弈道人自題詩。書首有"閱微草堂筆記目録"，道光十五年鄭開禧識語，嘉慶庚申盛時彥序。

書中鈐"大倉文化財團藏書"朱印。

閱微草堂筆記卷一

觀弈道人撰

灤陽消夏錄一

乾隆己酉夏以編排秘籍于役灤陽時校理久竟

特督視官吏題籤庋架而已晝長無事追錄見聞

憶及卿書都無體例小說稗官知無關於著述街

談巷議或有益於勸懲聊能抄胥存之命曰灤陽

消夏錄云爾

胡御史牧亭言其里有人畜一豬見鄰叟輒瞋目狂吼

奔突欲噬見他人則否鄰叟初甚怒之欲買而啖其肉

既而憬然省曰此殆佛經所謂夙冤耶世無不可解之

先哲叢談八卷後編八卷年表一卷

日本文化十三年（1816）刻本

DC0921九册

日原善著，東條耕續著。

書高25.1釐米，寬17.6釐米。版框高17.7釐米，寬12.9釐米。每半葉十行，行二十一字，小字雙行，字數同。白口，單黑魚尾，左右雙邊。魚尾上方記"先哲叢談"及卷次，下方或記先賢名號，版心下方記葉次。内封鐫"文化十三年丙子九月新鐫/念齋原先生著/先哲叢談/武阪府書林慶元書堂/玉巖書堂/群玉書堂梓行"。

卷一首葉第一行題"先哲叢談卷之一"，第二行題"北總原善公道著"，第三行起正文。

書首有文化十四年佐藤坦"先哲叢談序"，文化丙子井潛"先哲叢談序"，文化丙子朝川鼎序，文化丙子原善"先哲叢談凡例"，"先哲叢談目録"。後編書首有文政庚寅龜田序，文政己丑原義"先哲叢談後編序"，文政十年東條耕"先哲叢談後編凡例"，《先哲叢談後編》目録。書末附琴臺東條先生著述書目，慶元堂主人識語。年表卷首有著雍困敦山崎美成序，文政十年東條耕序，文政丁亥東條耕例言。書末有書林聖華房售書目。

先哲叢談卷之一

北總　原善公道著

藤原肅字斂夫號惺窩北肉山人柴立子廣胖窩。

皆其別號播磨人。

惺窩爲中納言定家十二世孫世食播磨三木郡細河

村父爲純時爲土豪別所長治所侵掠爲純與長子

爲勝禦之不利皆死當是時織田右府唱霸其臣羽

柴秀吉盛用事惺窩乃告秀吉欲比死者酒之秀

吉答以不如待時於是亡其地惺窩初年剃髮入釋

名蕣號妙壽院後悟其非遂歸於儒時海內喪亂日

穆天子傳六卷

明萬曆甲午（二十二年，1594）河東趙標刻《三代遺書》本
DC0498一函二册

晉郭璞註。

郭璞（276—324），字景純，河東聞喜縣人。

書高28.4釐米，寬17.7釐米。版框高21.3釐米，寬14.6釐米。每半葉八行，行十八字，小字雙行，字數同。白口，單黑魚尾，四周雙邊。版心上方記"穆天子傳"，魚尾下記卷次，又下方記葉次，版心下方記刻工姓名。

卷一首葉第一行題"穆天子傳卷之一"，第二行題"晉郭璞註"，第三行題"明范欽訂"，第四行題"河東趙標校梓"，第五行起正文。

書中鈐"希世至寶"、"大倉文化財團藏書"朱印。

穆天子傳卷之一

晉　郭璞　註

明　范欽　訂

河東趙　標校梓

古文

飲天子蠲涓音山之上戊寅天子北征乃絕漳水
絕猶截也漳
水今在鄴縣
庚辰至于□觴天子于盤石之上
觴者所以進
酒因云觴耳
天子乃奏廣樂史記云趙簡子疾不知人七日而寤

太平廣記五百卷目錄十卷

明木活字印本

DC0170十函八十冊

宋李昉編。

書高27.4釐米，寬18.5釐米。版框高20.6釐米，寬16.2釐米。每半葉十二行，行二十二字。白口，無魚尾，四周單邊。版心上方記"太平廣記"及卷次，下記葉次。

卷一首葉第一行題"太平廣記卷第一"，下空八格題"神僊一"，第二行起正文。目錄卷一首葉第一行題"太平廣記目錄卷第一"，第二、第三行題"宋翰林學士中順大夫戸部尚書上柱國賜紫金魚/袋李昉等編"，第四行題"明資善大夫都察院右都御史談愷校刊"，第五、第六行題"姚安府知府秦汴德州知州强仕石東山人唐詩/同校"，第七行起目錄正文。

書首有李昉撰"太平廣記表"，嘉靖丙寅談愷所撰案語，"太平廣記引用書目"。卷二百六十五卷首有隆慶元年談愷識語。卷二百七十卷首有談愷識語。

原闕卷二百六十一至二百六十四。

書中鈐"大倉文化財團藏書"朱印。

太平廣記卷第一　神僊一

老子　　木公　　廣成子

黃安　　孟岐

老子

老子者名重耳字伯陽楚國苦縣曲仁里人也其母感大
流星而有娠雖受氣天然見於李家猶以李爲姓或云老
子先天地生或云天之精魄蓋神靈之屬或云母懷之七
十二年乃生生時剖母左腋而出生而白首故謂之老子
或云其母無夫老子是母家之姓或云老子之母適至李
樹下而生老子生而能言指李樹曰以此爲我姓或云上
三皇時爲玄中法師下三皇時爲金闕帝君伏羲時爲鬱
華子神農時爲九靈老子祝融時爲廣壽子黃帝時爲廣

醉翁談録八卷

清鈔本

DC0169合一册

宋金盈之撰。

金盈之，生卒年及字號皆不詳，汴人。宋南渡後，官從政郎，新衡州録事參軍。

書高26.8釐米，寬17釐米。版框高20釐米，寬13.8釐米。每半葉十一行，行二十字。緑欄，白口，單緑魚尾，左右雙邊。魚尾上方記"醉翁談録"，魚尾下方記卷次及葉次。卷一首葉版心魚尾上方記類目"名公佳製"。

卷一首葉第一行題"名公佳製卷之一"，第二行題"從政郎新衡州録事參軍金盈之撰"。第三行正文。

書首有"醉翁談録目録"。

書中鈐"謏聞齋"、"林泉珍秘圖籍"朱印。

案語：與DC0147《北軒筆記》合鈔合訂一册，其書首葉鈐"翰林院印"滿漢文印。

名公佳製卷之一

從政郎新衢州録事參軍金盈之 撰

名公佳製

史丞相上梁文 嘉定巳巳勑賜府第

奮身許國端如柱石之擎天崇德報功可使樓臺之

無地不有間生之瓌傑莫成脇大之殊勳方乾坤之

氣韜爾清夷宜國家之典舉於希闊恭惟某官相門

勳望聖世儒宗尚父素無二心新傳衣鉢阿衡咸有

一德感會風雲挺孤忠于巇嶮之間平巨姦于盤錯

之日祖宗基業三百載反掌而安南地生靈億萬人

息肩以樂腹心鼇極手翼龍樓羣賢並進于清朝公

唐段少卿酉陽雜俎二十卷

明刻本

DC0167一函四册

唐段成式撰。

段成式（803—863），字柯古，臨淄鄒平人。官至江州刺史。

書高24.6釐米，寬15.4釐米。版框高20.9釐米，寬12.9釐米。每半葉十行，行十九字。上下大黑口，雙黑魚尾，四周雙邊。上魚尾下題"○俎"及卷次，下魚尾上記葉次。

卷一首葉第一行題"唐段少卿酉陽雜俎卷之一"，第二行起正文。

書首有段成式撰"酉陽雜俎序"，"酉陽雜俎目録"。

書中鈐"王玉芝印"、"趙氏種芸仙館收藏印"、"葉氏藏書"、"大倉文化財團藏書"朱印。

唐段少卿酉陽雜俎卷之一

忠志

高祖少神勇隋末嘗以十二人破草賊號无端兒數萬又龍門戰盡一房箭中八十人

太宗虬鬚嘗戲張弓挂矢好用四羽大笴長常箭一膚射洞門闔上嘗觀漁於西宮見魚躍焉問其故漁者曰此當乳也於是中綱而止

骨利幹國獻馬百疋十疋尤駿上為製名決波騟者近後足有距走歷門三限不躓上尤惜之

隋內庫有交臂玉猿二臂相貫如連環將表其彎

大唐三藏取經詩話三卷

民國丙辰（五年，1916）羅振玉影印本
DC0847一册

　　書高15.3釐米，寬10.6釐米。版框高9.6釐米，寬6.8釐米。每半
葉十行，行十五字。左右雙邊。書衣書籤題"唐三藏取經詩話"。
　　卷二首葉第一、二行大字題"大唐三藏取經詩話中"，第三
行起正文。
　　書末有丙辰羅振玉識語。
　　卷上第一葉，卷中第二、三葉原闕。
　　書中鈐"大倉文化財團藏書"朱印。
　　案語：據日本高山寺舊藏宋槧本影印。

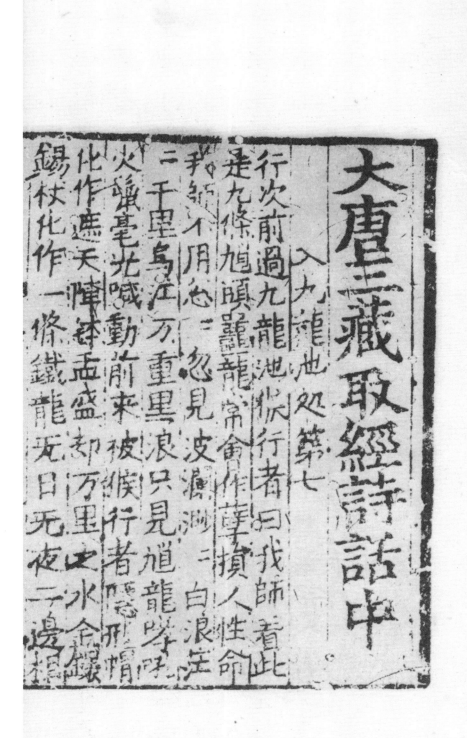

大唐三藏取經詩話中

入九龍池处第七

行次前過九龍池，候行者曰：我師看此
是九條馗頭鼍龍，常會作孽，損人性命。
我教人用心。二人忽見波浪渺渺，白浪滔
二千里烏江万重黑浪，只見馗龍哮吼，
火鬣毫光喊動前来，被猴行者隐便帽，
化作遮天陣，捺盛却万里此水金鑲，
錫杖化作一條鐵龍无日无夜，二邊相

至治新刊全相平話三國志三卷

日本大正丙寅(十五年,1926)節山學人玻璃版影印本

DC0848一函三册

　　書高20.7釐米,寬13.1釐米。版框高13.5釐米,寬18.1釐米。每葉三十八行,行二十字。上圖下文,左右雙邊。書衣書籤題"元槧三國志平話"。書內封印"建安虞氏新刊/至治新刊/新全相三國志平話"。經摺裝。

　　卷一首葉第一行題"至治新刊全相平話三國志卷之上",第二行起正文。

　　書末有大正丙寅節山學人跋。

　　書中鈐"大倉文化財團藏書"朱印。

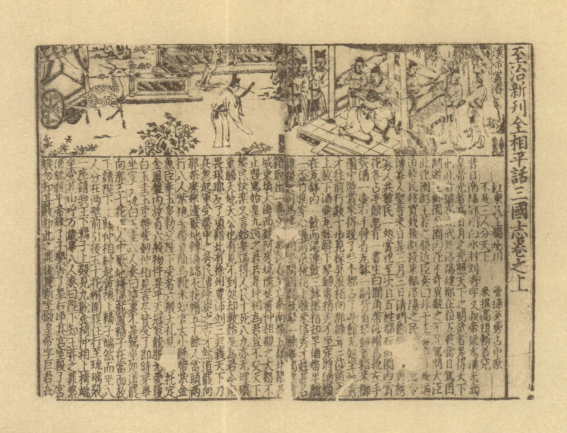

新刊全相平話三國志卷之上

至治新刊全相平話三國志卷之上

漢帝賞春

昔日南陽鄧州白水村劉秀字文叔，乃漢光武皇帝也。數日之光照天下之明，應漢光武十八代混江入洛陽建都，在位及駕崩，自號為漢光武。其後漢帝歷我東都洛陽之民，迫於洛陽遷都洛陽，非我移東都洛陽之民。

江東吳蜀地川，不是三人分天下。

新譯大方廣佛華嚴經音義二卷

清道光八年至十八年（1828—1838）獨抱廬刻本

DC0173一函一册

唐釋慧苑述。

慧苑，唐代京兆人。少年出家，禮法藏為師，深通經義，尤精於華嚴。

書高28.3釐米，寬17.9釐米。版框高21.5釐米，寬14.7釐米。每半葉九行，行十七字，小字雙行，字數同。白口，無魚尾，左右雙邊。版心上方記字數，下記"華音"及卷次，版心中部記葉次，底部記捐刊者。内封鐫"華嚴音義二卷"，内封背面有牌記題"道光戊子夏五獨抱廬從釋藏本重雕"。上卷卷末有牌記題"獨抱廬從釋藏本校刊行"，下卷卷末有牌記題"道光戊戌正月獨抱廬從釋藏本雕畢"，牌記左下題"金陵顧晴崖家鋟"。

上卷首葉第一行題"新譯大方廣佛華嚴經音義卷上并序"，第二行題"京兆靜法寺沙門慧苑述"，第三行起正文。

書首有道光五年獨抱居士序。書末有孫星衍跋，道光八年獨抱居士跋，陳宗彝跋兩篇，道光十七年李璋煜"重刊華嚴音義後敘"。

書中鈐"大倉文化財團藏書"朱印。

新譯大方廣佛華嚴經音義卷上 幷序

京兆靜法寺沙門　慧苑　述

原夫第一勝義寔離言之法性等流眞教誡

有海之方舟故以名句字聲作別相之本質

色香味觸爲住持之自體嗟乎超絕言慮之

旨洽悟見聞之境莫不以法王宏造權道之

力歟大方廣佛華嚴經者實可謂該通法界

之典盡窮佛境之說也若乃文言舛誤正義

難彰眞見不生尋源失路故涉近以逕遠從

大字九十五　華音上

頌慈舉捐寫

一

新譯大方廣佛華嚴經音義二卷

清道光十五年（1835）徐寶善刻本
DC0174一函一册

唐釋慧苑撰。

書高27釐米，寬17.1釐米。版框高18.9釐米，寬13.6釐米。每半葉九行，行二十二字，小字雙行，字數同。上下黑口，雙黑魚尾，左右雙邊。版心上魚尾下方記"華嚴經音義"及卷次，下魚尾上方記葉次。內封鐫"華嚴經音義二卷"。

上卷首葉第一行題"新譯大方廣佛華嚴經音義卷上"，第二行題"京兆靜法寺沙門慧苑述"，第三行起正文。

書首有"新譯大方廣佛華嚴經音譯序"。書末有"華嚴經音譯目錄"，道光丙戌徐松撰"華嚴經音義記"，道光甲午陳潮所撰跋，道光乙未徐寶善所撰跋。

書中鈐"漢陽葉名灃潤臣甫印"、"葉名灃潤臣印"、"大倉文化財團藏書"朱印。

新譯大方廣佛華嚴經音義卷上

京兆靜法寺沙門慧苑述

經序

天冊　冊楚革反說文曰冊符命也謂上聖符信敎命以授帝位字或從竹或古爲圓形也

造化權輿　造謂造作化謂變化爾雅曰權輿始也言造作天地變化萬物之初始也

天道　易曰乾道變化之謂天道日月星辰陰陽變化是也

虯龍繫　繫胡計反堯有神虯負圖而出舜感黄龍負圖而見也繫謂繫辭也孔子述易十翼之一

人文　易曰觀乎天文以察時變觀乎人文以化成天下男女君臣父子尊卑上下謂之人文也

萬八千歲　按帝王甲子記云天皇氏治一萬八千年地皇氏治九千年人皇氏治四千五百年有本云三皇皆治一萬八千年

同臨有截之區　毛詩傳曰有截整齊也言四海之外率服截爾齊整也區謂區域也

廣弘明集三十卷

明萬曆吳勉學刻本
DC0172四函二十四册

唐釋道宣撰。

釋道宣（596—667），俗姓錢，唐代江蘇丹徒人，創南山律宗。

書高27.7釐米，寬17.3釐米。版框高21.1釐米，寬14.3釐米。每半葉十行，行二十字。上黑口，單黑魚尾，左右雙邊。魚尾下方記“廣弘明集”及卷次，又下方記葉次，版心下或記刻工。

卷一首葉第一行題“廣弘明集卷第一”，第二行題“唐釋道宣撰”，第三行題“明吳勉學校”，第四行起正文。

書首有“廣弘明集目録”。各卷後附音釋。

書中鈐“大倉文化財團藏書”朱印。

廣弘明集卷第一

歸正篇 有叙

唐 釋道宣 撰

明 吳勉學 校

夫邪正紛糾愚智繁雜自非極聖焉能兩開所以欲
主天魔猶能變爲佛相況餘色有孰可言哉固知一
洲萬國一化千王互興廢立一不足論評是以九十六
部宗上界之天根二十五諦討計之冥本皆陳正
朔號三寶於人中咸稱大濟故數四等於天下又有魯
邦孔氏遵禮樂於九州楚國李公開虛玄於五嶽匪

金屑一撮一卷

清初銅活字本

DC0683一函二冊

書高28.3釐米，寬17.8釐米。版框高20.2釐米，寬14.7釐米。無行欄。每半葉九行，行十九字，無欄線。白口，單線魚尾，四周雙邊。魚尾上方記"金屑一撮"，魚尾下記葉次。首冊書衣書籤題"金屑一撮"。

卷一首葉第一行題"金屑一撮"，第二行起正文。

金屑一撮

本分事絕羅籠不貪香餌味可謂碧潭龍澄潭本

礙蛟龍舞挂角羚羊不見蹤月挂寒空闊巖高鳥

不栖觀瀑無聲處捫空有色時花開碧岫山糕面

月映寒潭水畫眉荷盡已無擎雨蓋菊殘猶有傲

霜枝

明眼漢無窠臼內外追尋覓總無境上施為渾大

有巨浪湧千尋澄波不離水直透萬重關莫佳靑

霄裏殘夢五更鐘落花三月雨一道神光萬境開

金屑一撮　　　　一

御録宗鏡大綱二十卷

清雍正十二年（1734）內府刻本

DC0684一函四册

清世宗録。

書高25.5釐米，寬16.4釐米。版框高17.4釐米，寬13釐米。每半葉十行，行二十字。白口，單黑魚尾，四周單邊。魚尾上方記"御録宗鏡大綱"，魚尾下記卷次，又下方記葉次。

卷一首葉第一行題"御録宗鏡大綱卷一"，第二行起正文。

書首有雍正十二年"御録宗鏡大綱序"。

書衣有墨筆題"宗鏡大綱"。書中鈐"竹隱"、"天雨"、"大倉文化財團藏書"朱印。

御錄宗鏡大綱卷一

慧日永明妙圓正修智覺禪師宗鏡錄序

伏以真源湛寂覺海澄清絕名相之端無能所之迹。最初不覺忽起動心成業識之由為覺明之咎。因明起照見分俄興隨照立塵相分安布如鏡現像頓起根身次則隨想而世界成差後則因智而憎愛不等。從此遺真失性執相徇名積滯著之情塵結相續之識浪鎖真覺於夢夜沉迷三界之中瞽智眼於昏衢匍匐九居之內遂乃縻業繫之苦喪解脫之門於無身中受身向無趣中立趣約依處則分二十五有論

御錄宗鏡大綱

卷一

一

御録經海一滴六卷

清雍正十三年（1735）內府刻本
DC0685一函六册

清世宗録。

書高25.4釐米，寬16.5釐米。版框高17.5釐米，寬13釐米。每半葉十行，行二十字。白口，單黑魚尾，四周單邊。魚尾上方記"御録經海一滴"，魚尾下記卷次及經名，又下方記葉次。

卷一首葉第一行題"御録經海一滴卷之一"，第二行起正文。

書首有雍正十三年"御録經海一滴序"，釋迦說法像，"御録經海一滴總目"。書末有韋陀護法圖，雍正十三年"御製大般涅槃經跋"。

書中鈐"大倉文化財團藏書"朱印。

御錄經海一滴卷之一

大方廣圓覺修多羅了義經

如是我聞一時婆伽婆入於神通大光明藏三昧正
受。一切如來光嚴住持是諸衆生清淨覺地身心寂
滅平等本際圓滿十方不二隨順於不二境現諸淨
土。

爾時世尊告文殊師利菩薩言善男子無上法王有
大陀羅尼門名爲圓覺流出一切清淨真如菩提涅
槃及波羅密教授菩薩一切如來本起因地皆依圓
照清淨覺相永斷無明方成佛道云何無明善男子。

御錄經海一滴　　卷一　圓覺經　　一

纂訂評註老子道德經二卷

明治二十六年（1893）日本松山堂刻本
DC0687一函二册

宋蘇轍解，日本木山鴻吉編。

書高22.5釐米，寬14.9釐米。版框高17.5釐米，寬12.3釐米。二截版。下截版高13.9釐米，每半葉九行，行十六字，小字雙行，字數同。上截版高3.6釐米，每半葉十八行，行七字。白口，單黑魚尾，四周雙邊。魚尾上方記"老子道德經"，魚尾下記卷次，版心下方記葉次。書衣書籤題"木山鴻吉編纂/評註老子道德經"。內封鐫"宋蘇轍元吳徵注/日本木山槐所編訂正第參版/評註老子道德經/版權所有松山堂藏板"。書末有明治二十六年版權葉。

卷一首葉第一行題"訂纂評註老子道德經卷上"，第二行空六字題"宋眉山蘇轍子由解"，第三行空六字題"日本東京木山鴻吉編"，第四行起正文。

書首有大觀二年、政和元年蘇轍題記二則，"史記老子傳"，"論"。

謝逸曰孔子所謂、纂評
仁者壽老子所謂
死而不亡者無量壽、三
氏所謂無量壽釋
聖人者其言雖異、
其意則同蓋仁者
盡性盡性則死而
不亡死而不亡則
其壽豈有量哉彼
徒見髮毛爪齒歸
於地涕唾津液歸
於水暖氣歸於火
動轉歸於風而以
為其人真死矣然
不知湛然常存未
嘗死也。

訂評註老子道德經卷上

宋　眉山蘇轍子由解

日本東京木山鴻吉編

道經　元臨川吳澄云、上篇之首句、曰道
可道故以道字名篇尊之而曰經、
○唐陸德明音義道、生
天地之先、德、道之用也、

道可道章第一

道可道非常道。莫非道也、而可道不可常、
可以為道者也然而、可道之不可
為常耳今
夫、仁義禮智此道之可道者也然而、仁不可
以為義禮不可以
為智可道之不可
常也惟不可道、而後可道
常也惟不可道然後、在仁為仁、在義為義、
禮智亦然彼皆不常、而道常不變不可道

老子億二卷附解說一卷

日本昭和七年(1932)東京育德財團影印本
DC0686一函三册

明王道撰。

王道(1476—1532),字純甫,號順渠,武城人。正德進士,官至南京禮部右侍郎,掌國子監事。

書高23.6釐米,寬14.5釐米。版框高16.6釐米,寬12.8釐米。每半葉九行,行二十字。白口,單線魚尾,左右雙邊。魚尾下記"老子億"及卷次,又下方記葉次。書衣書籤題"老子億"。函套內貼有"昭和七年育德財團非賣品"版權葉。卷下末葉有"無錫後學安如山校刊"。

卷一首葉第一行題"老子億卷之上",第二行空十一字題"武城王道",第三行起正文。

老子億解說一卷,鉛印本。

函套籤墨題"老子億全二册"。書內附一紙育德財團贈書卡。書中鈐"大倉文化財團藏書"朱印。

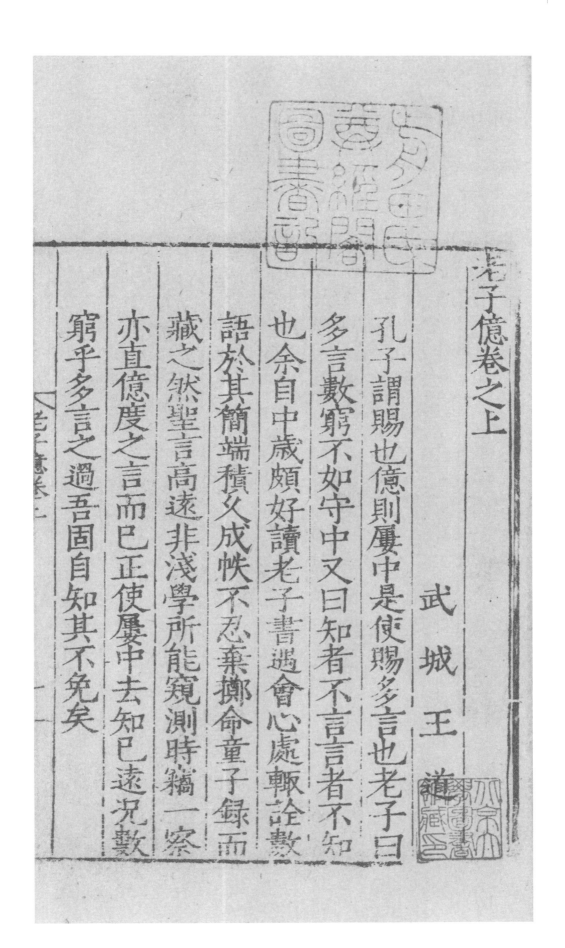

老子億卷之上

武城　王　道

孔子謂賜也億則屢中是使賜多言也老子曰

多言數窮不如守中又曰知者不言言者不知

也余自中歲頗好讀老子書遇會心處輒詮數

語於其簡端積久成帙不忍棄擲命童子録而

藏之然聖言高遠非淺學所能窺測時竊一察

亦直億度之言而已正使屢中去知已遠況數

窮乎多言之過吾固自知其不免矣

老子憶卷之上

列子沖虛眞經一卷附音義

明末閔齊伋套印本

DC0688一函二册

　　書高27釐米,寬17.5釐米。版框高21.5釐米,寬15.1釐米。無
行欄。每半葉九行,行十九字。白口,無魚尾,四周單邊。版心上記
"列子"及篇目,版心下記葉次。天頭有朱字校注。卷末刻"西吳
閔齊伋寓五父校",下有"齊伋"、"閔十二"印鑒。

　　卷一首葉第一行題"列子沖虛眞經",第二行起正文。

　　書首有永始三年劉向校上書録,書録後有案語,目録。

列子沖虛真經

天瑞第一

子列子居鄭圃四十年人無識者國君卿大夫眎
之猶眾庶也國不足將嫁於衛弟子曰先生往無
反期弟子敢有所謂先生將何以教先生不聞壺
丘子林之言乎子列子笑曰壺子何言哉雖然夫
子嘗語伯昏瞀人吾側聞之試以告女其言曰有
生不生有化不化不生者能生生不化者能化化
生者不能不生化者不能不化故常生常化常生

莊子通十卷

明萬曆刻本

DC0176一函十册

沈一貫撰。

沈一貫（1531—1615），字肩吾，又字不疑、子唯，號龍江，又號蛟門，鄞縣人。隆慶二年進士，官至東閣大學士。卒，賜太傅，諡文恭。

書高25.4釐米，寬17釐米。版框高21.8釐米，寬15.1釐米。每半葉十行，行二十字，小字雙行，字數同。白口，無魚尾，四周雙邊。版心上方記"莊子通"及卷次，下方記葉次。

卷一首葉第一行題"莊子通卷第一"，次行起正文。

書首有萬曆十六年沈一貫撰"莊子通序"，"讀莊概辨"。

書中有朱墨點校。

書中鈐"忠州李芋仙隨身書卷"、"位思齋書畫記"、"埜巢草堂藏書之印"、"大倉文化財團藏書"朱印。

莊子通卷第一

逍遙遊第一 <small>言人心多狂于富貴而大</small>

内篇

逍遙者放任自得之名也至人獨往獨來而

敖倪於萬物之上舉世無以攖拂其心安往

而不自得哉俯而視之世味皆腥螻膻惡世

構皆累塊積蘇而已內篇者皆莊子微言也

北冥有魚其名為鯤鯤之大不知其幾千里也化而

為鳥其名為鵬鵬之背不知其幾千里也怒而飛其

翼若垂天之雲是鳥也海運則將徙於南冥南冥者

天池也齊諧者志怪者也諧之言曰鵬之徙於南冥

舊鈔卷子本莊子殘卷校勘記

昭和七年（1932）文求堂鉛印本

DC0689一册

　　書高23.1釐米，寬15.7釐米。版框高17.3釐米，寬12.3釐米。每半葉十行，行二十四字，小字雙行，行三十字。白口，單黑魚尾，四周雙邊。魚尾下記"舊鈔卷子本莊子殘卷校勘記"，版心下方記葉次。書衣書籤題"舊鈔卷子本莊子殘卷校勘記"，書末有昭和七年文求堂版權葉。

　　卷一首葉第一行題"舊鈔卷子本莊子殘卷校勘記"，第二行起正文。

　　書首有辛未狩野直喜"舊鈔卷子本莊子殘卷校勘記序"，凡例。

舊鈔卷子本莊子殘卷校勘記

莊子雜篇庚桑第廿三

宋本世德堂本庚桑作庚桑楚釋文莊子音義庚桑第廿

三注云本或作庚桑楚是知鈔本無楚字與釋文合

老聃之侻有庚桑楚者

宋本世德堂本侻均作役案侻俗字此類下不悉校

其臣之盡然智者去之

宋本世德堂本智作知注同

畏壘大壤

北宋本趙諫議本世德堂本同宋刻注疏本壤作穰釋文

文子纘義十二卷

清乾隆四十五年（1780）武英殿聚珍本

DC0175一函二册

宋杜道堅撰。

杜道堅（1237—1318），字南谷，當塗人。元仁宗賜號隆道沖眞崇正眞人。

書高26.8釐米，寬16.9釐米。版框高18.9釐米，寬12.4釐米。每半葉九行，行二十一字。白口，單黑魚尾，四周雙邊。魚尾上方記"文子纘義"，下記卷次，版心下方記葉次，下書口背面記校者。目録首葉第一行題名下印"武英殿聚珍版"。

卷一首葉第一行題"文子纘義卷一"，第二行題"宋杜道堅撰"，第三行起正文。

書首有乾隆甲午年"御製題武英殿聚珍版十韻有序"，牟巘撰"文子纘義原序"，"文子纘義目録"，目録後有乾隆四十五年紀昀等校上案語。

上册內封墨書題"文子纘義卷一至六"，下册內封墨書題"文子纘義卷七至十二"。

書中鈐"大倉文化財團藏書"朱印。

文子纘義卷一

宋　杜道堅　撰

道原_案此篇纘義原闕今仍
錄文子原文以符篇目

老子曰有物混成先天地生惟象無形窈窈冥冥寂寥

淡漠不聞其聲吾強爲之名字之曰道夫道者高不可

極深不可測苞裹天地稟受無形原流泏泏沖而不盈

濁以靜之徐清施之無窮無所朝夕表之不盈一握約

而能張幽而能明柔而能剛含陰吐陽而章三光山以

之高淵以之深獸以之走鳥以之飛麟以之遊鳳以之

眞誥二十卷

民國初期上海涵芬樓影印正統道藏本
DC0690四册

梁陶弘景造。

書高19.9釐米，寬13.2釐米。版框高11.5釐米。每半葉十行，行十七字，小字雙行，字數同。白口，上下雙邊，左右无欄。天頭左上角記“眞誥”，背面版框外右上方記卷次及葉次。書衣書籤題“眞誥”。内封背面題“上海涵芬樓影印正統道藏本”。

卷一首葉第一行題“眞誥卷之一”，第二行題“全闕右卿司命蓬萊都水監梁國師貞白眞人華陽隱居陶弘景造”，第三起正文。

書首有影印道藏“眞誥卷之一安一”至卷之五原籤題，嘉定十六年高似孫“眞誥敘”。

書中鈐“現世身僊佛”、“大倉文化財團藏書”朱印。

真

真誥卷之一　　金闕後聖登棻帝君上清國師真自真人華陽隱居陶弘景撰

運象篇第一

愕綠華詩

神嶽排霄起飛峯鬱千尋家籠靈谷虛瓊林

蔚蕭森① 此一字被墨濃黯不復可識正中抽一腳出下似是羊字其人名權

生標美秀弱冠流清音棲情痊慧津超形象

魏林揚彩未門中內有邁俗心我與夫子族

源胄同淵池宏宗分上業於今各異枝蘭金

因好著三益方覺彌靜尋欣斯會雅綜彌齡

無能子三卷

明藍格鈔本

DC0177一册

唐佚名撰。

書高29.3釐米，寬18.5釐米。版框高22.3釐米，寬16.1釐米。每半葉十行，行二十五至二十七字。白口，雙藍魚尾。

卷上接目録不另起葉。卷端第一行題"無能子卷上"，第二行起正文。

書首有無能子序，目録。

書中鈐"翰林院印"（滿漢文）、"篤生經眼"、"畿輔譚氏藏書印"、"教經堂錢氏章"、"錢氏犀庵收藏"、"犀盦藏本"、"錢犀盦珍藏印"、"大倉文化財團藏書"朱印。

案語：《四庫全書總目》卷一百四十六"子部·五十六·道家類"著録此書浙江范懋柱家天一閣藏本。

固本第十一四篇　　第十二闕

第十三闕　　第十四闕

无能子卷上

聖過第一

天地未分混沌一炁一炁克溢分爲二儀有清濁焉有輕清者上

爲陽爲天重濁者下爲陰爲地矣天則剛健而動地則柔順而

靜炁之自然也天地既位陰陽炁交於是裸蟲鱗蟲毛蟲羽蟲甲蟲

生焉人者裸蟲也與夫鱗毛羽蟲俱焉同生天地交炁而已無所異也

或謂有所異者豈非乎人自謂異於鱗羽毛甲諸蟲者豈非乎能

用智慮耶言語耶夫自鳥獸迨乎春蠕蟲皆好生避死營其巢穴謀

列仙傳四卷

清道光癸巳（十三年，1833）在兹堂刻本

DC0691一函四册

還初道人輯。

洪應明，字自誠，號還初道人。明末人。

書高25.2釐米，寬15.3釐米。版框高17.3釐米，寬11.3釐米。每半葉七行，行十八字。白口，單黑魚尾，四周單邊。魚尾上方記"列仙傳"，魚尾下記卷次，又下方記葉次。内封鎸"道光癸己鎸/列仙傳/在兹堂藏板"。

卷一首葉圖，背面第一行起正文。目録首葉第一行題"在兹堂新鎸繡像列仙傳目"，第二行題"還初道人輯"，第三行起目録。

書首有袁黄"仙引"，"在兹堂新鎸繡像列仙傳目"。

集

部

六朝詩集存十三種十五卷

明嘉靖刻本

DC0339—木匣一函八冊

明薛應旂輯。

書高24.1釐米，寬16釐米。版框高17.8釐米，寬13釐米。每半葉十行，行十八字。白口，左右雙邊。版心中部記細目名，下方記葉次。

木匣鐫"宋槧六朝詩集"。書中鈐"大倉文化財團藏書"朱印。

子目：

梁武帝集一卷	梁劉孝威集一卷
梁簡文帝集二卷	隋煬帝集一卷
梁宣帝集一卷	梁劉孝綽集一卷
梁元帝集一卷	何水部集二卷
後周明帝集一卷	王子淵集一卷
陳後主集一卷	陰常侍集一卷
梁沈約集一卷	

梁武帝集

詩

明月照高樓

圓魄當虛闥清光流思延延思照孤影樓悠還
自憐臺鏡早生塵匣琴又無絃悲慕屢傷節離
憂函華年君如東扶景妾似西柳煙相去既路
迴明晦亦殊懸願為銅鐵繼以感長樂前

芳樹

綠樹始搖芳芳生非一葉一葉度春風芳芳自
相接色雜亂參差衆花紛重疊重疊不可思思

漢魏六朝一百三家集一百一十八卷

清刻本

DC0770六函五十九冊

明張溥編。

張溥（1602—1641），字天如，號西銘，太倉人。崇禎四年進士，授庶起士。

書高24.3釐米，寬15.4釐米。版框高19.7釐米，寬14.2釐米。每半葉九行，行十八字。白口，單黑魚尾，左右雙邊。魚尾上方記子目，下方記卷次，再下記葉次。

首卷首葉第一行題"賈長沙集卷全"，第二行題"漢雒陽賈誼著"，第三行題"明太倉張溥閱"，第四行起正文。

書首有張溥"漢魏六朝百名家集敘"，"賈長沙集題詞"，"賈長沙集目錄"，"漢魏六朝一百三家集總目"。

闕第五十六冊：庾開府集卷一第一葉至第一百一十八葉。

書中鈐"范湖草堂印萬歲不敗"、"大倉文化財團藏書"朱印。

子目：

賈長沙集一卷　漢賈誼撰	班蘭台集一卷　漢班固撰
司馬文園集一卷　漢司馬相如撰	崔亭伯集一卷　漢崔駰撰
董膠西集一卷　漢董仲舒撰	張河間集二卷　漢張衡撰
東方大中集一卷　漢東方朔撰	李蘭台集一卷　漢李尤撰
漢褚先生集一卷　漢褚少孫撰	馬季長集一卷　漢馬融撰
王諫議集一卷　漢王褒撰	荀侍中集一卷　漢荀悅撰
劉中壘集一卷　漢劉向撰	蔡中郎集二卷　漢蔡邕撰
揚侍郎集一卷　漢揚雄撰	王叔師集一卷　漢王逸撰
劉子駿集一卷　漢劉歆撰	孔少府集一卷　漢孔融撰
馮曲陽集一卷　漢馮衍撰	諸葛丞相集一卷　蜀諸葛亮撰

魏武帝集一卷	漢曹操撰	郭弘農集二卷	晉郭璞撰
魏文帝集二卷	魏文帝曹丕撰	王右軍集二卷	晉王羲之撰
陳思王集二卷	魏曹植撰	王大令集一卷	晉王獻之撰
陳記室集一卷	漢陳琳撰	孫廷尉集一卷	晉孫綽撰
王侍中集一卷	漢王粲撰	陶彭澤集一卷	晉陶潛撰
阮元瑜集二卷	漢阮瑀撰	何衡陽集一卷	南朝宋何承天撰
劉公幹集一卷	漢劉楨撰	傅光祿集一卷	南朝宋傅亮撰
應德璉集一卷	漢應瑒撰	謝康樂集二卷	南朝宋謝靈運撰
應休璉集一卷	魏應璩撰	顏光祿集一卷	南朝宋顏延之撰
阮步兵集一卷	魏阮籍撰	鮑參軍集二卷	南朝宋鮑照撰
嵇中散集一卷	魏嵇康撰	袁陽源集一卷	南朝宋袁淑撰
鍾司徒集一卷	魏鍾會撰	謝法曹集一卷	南朝宋謝惠連撰
杜征南集一卷	晉杜預撰	謝光祿集一卷	南朝宋謝莊撰
荀公曾集一卷	晉荀勗撰	竟陵王集二卷	南齊蕭子良撰
傅鶉觚集一卷	晉傅玄撰	王文憲集一卷	南齊王儉撰
張司空集一卷	晉張華撰	王寧朔集一卷	南齊王融撰
孫馮翊集一卷	晉孫楚撰	謝宣城集一卷	南齊謝朓撰
摯太常集一卷	晉摯虞撰	張長史集一卷	南齊張融撰
束廣微集一卷	晉束晳撰	孔詹事集一卷	南齊孔稚圭撰
夏侯常侍集一卷	晉夏侯湛撰	梁武帝集一卷	梁武帝蕭衍撰
潘黃門集一卷	晉潘岳撰	梁昭明集一卷	南朝梁蕭統撰
傅中丞集一卷	晉傅咸撰	梁簡文帝集二卷	梁簡文帝蕭綱撰
潘太常集一卷	晉潘尼撰	梁元帝集一卷	梁元帝蕭繹撰
陸平原集二卷	晉陸機撰	江醴陵集二卷	南朝梁江淹撰
陸清河集二卷	晉陸雲撰	沈隱侯集二卷	南朝梁沈約撰
成公子安集一卷	晉成公綏撰	陶隱居集一卷	南朝梁陶弘景撰
張孟陽集一卷	晉張載撰	丘司空集一卷	南朝梁丘遲撰
張景陽集一卷	晉張協撰	任中丞集一卷	南朝梁任昉撰
劉越石集一卷	晉劉琨撰	王左丞集一卷	南朝梁王僧孺撰

陸太常集一卷	南朝梁陸倕撰	張散騎集一卷	南朝陳張正見撰
劉戶曹集一卷	南朝梁劉峻撰	高令公集一卷	後魏高允撰
王詹事集一卷	南朝梁王筠撰	溫侍讀集一卷	後魏溫子昇撰
劉秘書集一卷	南朝梁劉孝綽撰	邢特進集一卷	北齊邢邵撰
劉豫章集一卷	南朝梁劉潛撰	魏特進集一卷	北齊魏收撰
劉中庶集一卷	南朝梁劉孝威撰	庾開府集二卷	北周庾信撰
庾度支集一卷	南朝梁庾肩吾撰	王司空集一卷	北周王褒撰
何記室集一卷	南朝梁何遜撰	隋煬帝集一卷	隋煬帝楊廣撰
吳朝請集一卷	南朝梁吳均撰	盧武陽集一卷	隋盧思道撰
陳後主集一卷	陳後主陳叔寶撰	李懷州集一卷	隋李德林撰
徐仆射集一卷	南朝陳徐陵撰	牛奇章集一卷	隋牛弘撰
沈侍中集一卷	南朝陳沈炯撰	薛司隸集一卷	隋薛道衡撰
江令君集一卷	南朝陳江總撰		

賈長沙集卷全

漢　雒陽賈　誼著

明　太倉張　溥閱

賦

弔屈原賦

恭承嘉惠兮竢罪長沙仄聞屈原兮自湛汨羅、
造託湘流兮敬弔先生遭世罔極兮迺隕厥身、
烏虖哀哉兮逢時不祥鸞鳳伏竄兮鴟鴞翺翔。
闒茸尊顯兮讒諛得志賢聖逆曳兮方正倒植、

唐十子詩十種十四卷

明嘉靖甲辰(二十三年,1544)王準石谷書院刻本

DC0779一函四冊

　　宋佚名編纂。

　　書高29.8釐米,寬18.1釐米。版框高17.5釐米,寬12.9釐米。每半葉十行,行十八字。白口,單黑魚尾,間有雙黑魚尾,左右雙邊。上魚尾下或記詩人名,版心下方記葉次。

　　首卷首葉第一行題"常建詩集卷之一",第二行起正文。

　　書首有嘉靖甲申王準"刊唐十子詩敘",嘉靖丁未王準"唐十子詩敘",詩人爵里詳節,詳節末有石谷子識語。

　　各集卷末或鐫"石谷書院宋板重刻"、"石谷書院宋板翻刻"。

　　書中鈐"大倉文化財團藏書"朱印。

　　子目:

　　常建詩集三卷

　　郎士元詩集一卷

　　嚴維詩集一卷

　　劉义詩集三卷

　　于鵠詩集一卷

　　于濆詩集一卷

　　于武陵詩集一卷

　　邵謁詩一卷

　　伍喬詩集一卷

　　唐女郎魚玄機詩集一卷

　　案語:據《中國古籍善本書目》,此書僅天一閣藏殘本一部。存常建、郎士元、嚴維、劉义四家。

常建詩集卷之一

五言古詩

送陸擢

聖代多才俊　陸生何考槃

南山高松樹　不合空

摧殘九月湖上別

北風秋雨寒　殷勤嘆孤鳳

食金琅玕

早

送李十一尉臨溪

泠泠花下琴

君唱渡江吟　天際一帆影

預懸離

別心以言神仙尉

因致瑤華音　回軫撫商調

越

溪瀯碧林

唐百家詩一百七十一卷

明嘉靖十九年（1540）刻本

DC0344四函三十二册

明朱警編。

書高25.2釐米，寬17釐米。版框高17.8釐米，寬12.7釐米。每半葉十行，行十八字，小字雙行，字數同。白口，單黑魚尾，左右雙邊。魚尾下方記書名及卷次，下記葉次。

存五十三種九十三卷。

書中鈐"是書曾藏蔣恂臣家"、"晉安薩玉香藏書印"、"麓原林氏所藏"、"大倉文化財團藏書"朱印。

子目：

第一函

  唐張處士詩集五卷　　唐張祜撰

  李端詩集三卷　　唐李端撰

  劉兼詩集一卷　　唐劉兼撰

  王周詩集一卷　　南唐王周撰

  耿湋詩集一卷　　唐耿湋撰

  崔塗詩集一卷　　唐崔塗撰

  張蠙詩集一卷　　唐張蠙撰

  劉駕詩集一卷　　唐劉駕撰

  儲嗣宗詩集一卷　　唐儲嗣宗撰

  章碣詩集一卷　　唐章碣撰

  李遠詩集一卷　　唐李遠撰

  會昌進士詩集一卷補遺一卷　　唐馬戴撰

  李長吉集四卷　　唐李賀撰

第二函

 王勃集二卷 唐王勃撰

 呂衡州詩集一卷 唐呂溫撰

 嚴維詩集一卷 唐嚴維撰

 唐靈一詩集一卷 唐釋靈一撰

 唐皎然詩集一卷 唐釋皎然撰

 武元衡集三卷 唐武元衡撰

 于濆詩集一卷 唐于濆撰

 李山甫詩集一卷 唐李山甫撰

 皇甫御史詩集一卷 唐皇甫曾撰

 張司業樂府集一卷 唐張籍撰

 詩集三卷 唐李洞撰

 唐李推官披沙集六卷 唐李咸用撰

第三函

 韓君平集三卷 唐韓翃撰

 劉乂詩集三卷 唐劉乂撰

 蘇拯詩集一卷 唐蘇拯撰

 章孝標詩集一卷 唐章孝標撰

 劉滄詩集一卷 唐劉滄撰

 詩集二卷 唐曹鄴撰

 唐秦隱君詩集一卷 唐秦系撰

 唐姚鵠詩集一卷 唐姚鵠撰

 羊士諤詩集一卷 唐羊士諤撰

 權德輿集二卷 唐權德輿撰

 沈雲卿集二卷 唐沈雲卿撰

第四函

 盧仝詩集二卷集外詩一卷 唐盧仝撰

 李嘉祐集二卷 唐李嘉祐撰

 郎士元詩集一卷 唐郎士元撰

 張九齡集六卷 唐張九齡撰

 李昌符詩集一卷 唐李昌符撰

 劉廷芝集一卷 唐劉廷芝撰

 鄭巢詩集一卷 唐鄭巢撰

伍喬詩集一卷　南唐伍喬撰

張喬詩集四卷　唐張喬撰

唐司空文明詩集二卷　唐司空曙撰

楊炯集二卷　唐楊炯撰

盧照鄰集二卷　唐盧照鄰撰

于鵠詩集一卷　唐于鵠撰

戴叔倫集二卷　唐戴叔倫撰

于鄴詩集一卷　唐于鄴撰

邵謁詩一卷　前蜀邵謁撰

曹松詩集一卷　唐曹松撰

唐張處士詩集卷第一

張祜字承吉

五言雜題七十三首

觀徐州李司空獵

曉出郡城東分圍淺草中紅旗開向日白馬驟

迎風背手抽金鏃翻身控角已萬人齊指處一

鴈落寒空

殘獵渭城東下蕭蕭鼓吏空書嘗凡膚背上氷片馬

蹄中幷州荊孑飛恩縱箭前追歸腳來遲餘童兒

陶靖節集十卷

日本寶曆十一年（1761）野田藤八刻本
DC0692四册

晉陶潛撰。

陶淵明（約365—427），字元亮，又名潛，號五柳先生，世稱靖節先生，潯陽柴桑人。曾任江州祭酒、建威參軍、鎮軍參軍、彭澤縣令等，後棄職歸隱。

書高22.3釐米，寬16釐米。版框高18.8釐米，寬12.9釐米。無行欄。每半葉九行，行十八字，小字雙行，字數同，旁邊有日文訓讀。白口，單黑魚尾，四周雙邊魚尾上方記"陶集"，下方記卷次，版心下方記葉次。書衣書籤題"陶淵明全集"。

卷一首葉第一行題"陶靖節集卷之一"，第二行起正文。

書首有梁昭明太子蕭統"陶淵明集序"，昭明太子撰"陶淵明傳"，"陶靖節集總論"，"陶靖節集目録"。書末有耿定向"題刻靖節集"，萬曆庚辰蔡汝賢跋，跋後鐫牌記"天啟紀元二年/浙江陽氏重梓"，耕齊菊池東匀跋，跋後背面鐫"寶曆十一辛巳年五月吉求版/平安書肆野田藤八"，平安書林橘枝堂藏板目録。

陶靖節集卷之一

詩四言

劉後村曰。四言自曹氏父子王仲宣陸
士衡後惟陶公最高停雲榮木等篇殆
突過建安矣又曰四言尤難以三百五
篇在前故也

停雲 弁序ヲ

停雲思親友也罇酒新湛讀園列初
榮願言不從歎息彌襟
湛日沉

東園

寒山詩集一卷附豐干拾得詩

日本昭和三年（1928）東京審美書院影印本

DC0695一函一冊

唐釋寒山子等撰。

書高24.1釐米，寬16.8釐米。版框高19.2釐米，寬14.4釐米。每半葉八行，行十四字。白口，單黑魚尾，左右雙邊。魚尾上方記字數，版心下方記葉次。書衣書籤題"寒山詩集"，下分兩行題"豐干拾/得詩附"。

卷一首葉第一、二行題"寒山詩集"，下題"豐干拾/得詩附"，第三行起正文。

書首有寒山子自序，序後有比邱無我慧身識語，閭丘胤"寒山子詩集序"，朱晦庵與南老帖，陸放翁與明老帖。書末有淳熙十六年沙門志南"天台山國清禪寺三隱集記"，屠維赤奮若可明跋。丁巳年致桂屋書札。

案語：據日本宮內省藏宋刻本影印。

寒山詩集

重巖我卜居鳥道絕人迹庭際何所
有白雲抱幽石住茲凡幾年屢見春
冬易寄語鍾鼎家虛名定無益

凡讀我詩者心中湏護淨慳貪繼日
廉諂曲登時正驅遣除惡業歸依受
真性今日得佛身急急如律令

沈佺期集四卷

明金屬活字本

DC0178一函二册

唐沈佺期撰。

沈佺期（約656—約715），字雲卿，相州內黄人。官太子少詹事。

書高27.8釐米，寬17.4釐米。版框高19.1釐米，寬12.8釐米。每半葉九行，行十七字。線黑口，單黑魚尾。魚尾下方記"沈佺期集"及卷次，又下記葉次。

卷一首葉第一行題"沈佺期集卷第一"，第二行起正文。

書衣書籤墨題"宋板沈佺期集"。書中鈐"譚錫慶學看宋板書籍印"、"大倉文化財團藏書"朱印。

沈佺期集卷第一

賦

峽山寺賦并序

峽山寺者名隸端州連山夾江頗有奇石飛
泉迴落悉從梅竹下過渡口至山頂石道數
層齋房浴室赿在雲漢神龍二年夏六月余
投棄南裔承恩北歸結纜山隅周謁精舍爲
之賦焉

峽山精舍端溪妛境中有紅泉分飛碧嶺若

陳子昂集二卷

明金屬活字本
DC0179一函一册

唐陳子昂撰。

陳子昂（約659—700），字伯玉，梓州射洪人。官麟台正字，後升右拾遺，聖曆元年辭官還鄉，受奸人所誣，下獄而死。

書高27.8釐米，寬17.4釐米。版框高19.2釐米，寬13.2釐米。每半葉九行，行十七字。綫黑口，單黑魚尾，左右雙邊。魚尾下方記"陳子昂集"及卷次，又下記葉次。

卷一首葉第一行題"陳子昂集卷上"，第二行起正文。

書中鈐"譚錫慶學看宋板書籍印"、"畿輔譚氏藏書印"、"大倉文化財團藏書"朱印。

陳子昂集卷上

賦

　塵尾賦

甲申歲天子在洛陽余始解褐守麟臺正字
太子司直宗秦客置酒金谷亭大集賓客酒
酣共賦座上食物余爲塵尾賦焉
天之浩浩兮物亦云云性命變化兮如絲之
夢或以神好正直天盖黙黙或以道惡強梁
天亦茫茫此仙都之微獸固何貧而罹殃始

張燕公集二十五卷

清乾隆武英殿聚珍本

DC0187六册

唐張說撰。

張說（667—730），字道濟，一字說之，原籍范陽，世居河東，徙家洛陽。官尚書左僕射。

書高28.9釐米，寬18釐米。版框高19.4釐米，寬12.6釐米。每半葉九行，行二十一字。白口，單黑魚尾，四周雙邊。魚尾上方記"張燕公集"，下方記卷次，版心下方記葉次。提要首行下方印"武英殿聚珍版"。

卷一首葉第一行題"張燕公集卷一"，第二行題"唐張說撰"，第三行起正文。

書首有乾隆甲午"御製題武英殿聚珍版十韻有序"，張燕公集提要，"張燕公集目録"。

書中鈐"大倉文化財團藏書"朱印。

張燕公集卷一

唐 張 說 撰

賦

喜雨賦應制

史臣啓先王之冊府校絕端於祥經樂雲雨之平施齊
品物之流形皇帝益重而為寶麟鳳自輕而讓靈況恣
時而渴望欲意達而神聽是月也朱明漸半紫油未世
恐降炎兮此下人聲虔祈兮我仁主退象龍之禮禱斥
持鷺之貌舞屏翳其廢職祝融悔其遷怒山洙浴而

張九齡集三卷

明金屬活字本

DC0180一函一册

唐張九齡撰。

張九齡（678—740），一名博物，字子壽，韶州曲江人。官至尚書右丞相。

書高27.7釐米，寬17.3釐米。版框高19.1釐米，寬12.8釐米。每半葉九行，行十七字。線黑口，單黑魚尾，左右雙邊。魚尾下方記"張九齡集"及卷次，又下記葉次。

卷一首葉第一行題"張九齡集卷上"，第二行起正文。

書中鈐"篤生經眼"、"譚錫慶學看宋板書籍印"、"畿輔譚氏藏書印"、"大倉文化財團藏書"朱印。

張九齡集卷第一

賦

白羽扇賦并序

開元二十四年夏盛暑奉勑使大將軍高力
士賜宰臣白羽扇九齡與焉竊有所感立獻
賦曰

當時而用在物所長彼鴻鵠之弱羽出江湖
之下方安知煩暑可致清涼豈無統素采畫
文章復有修竹剖析毫芒提攜密邇搖動馨

李太白文集三十卷

清康熙五十六年（1717）吳門繆氏雙泉草堂刻本
DC0182一函八册

唐李白撰。

李白（701—762），字太白，號青蓮居士，唐劍南道綿州昌隆縣人。玄宗時曾供奉翰林。

書高29.6釐米，寬16.5釐米。版框高18.1釐米，寬11.3釐米。每半葉十一行，行二十字，小字雙行，字數同。白口，單黑魚尾，左右雙邊。魚尾下記"李"及卷次，又下方記葉次，版心下方偶記刻工名姓。内封鎸"吳門繆武子重刊宋本/李太白全集/雙泉草堂藏板"，鈐"雙泉草堂"、"光焰萬支長"朱印記。卷三十末葉末行鎸"吳門繆曰芑武子甫重刊宋本"。

卷一首葉第一行題"李太白文集卷第一"，第二行起正文。

書首有"李太白全集總目"，康熙五十六年吳門繆曰芑撰刊記，"李太白文集目録"。書末有宋敏求題記，曾鞏序，元豐三年毛漸題記。

書中鈐"君耆"、"羹堂太史珍藏"、"子明寓目"、"强子明家藏印"、"瀉筆海之波瀾"、"碧山舊社"、"曾藏虞陽强氏家塾"、"大倉文化財團藏書"朱印。

李太白文集卷第一

草堂集序　　宣州當塗縣令李陽冰

李白字太白隴西成紀人涼武昭王暠九世孫蟬聯
珪組世為顯著中葉非罪讁居條支易姓為名然自
窮蟬至舜五世為庶累世不大曜亦可歎焉神龍之
始逃歸于蜀復指李樹而生伯陽驚姜之夕長庚入
夢故生而名白以太白字之世稱太白之精得之矣
不讀非聖之書恥為鄭衛之作故其言多似天仙之
辭九所著述言多諷興自三代已來風騷之後馳驅
屈宋鞭撻揚馬千載獨步唯公一人故王公趨風列
岳結軌羣賢翕習如鳥歸鳳盧黃門云陳拾遺橫制

分類補註李太白集二十五卷

明覆元刻本

DC0181一匣二函十二冊

唐李白撰,宋楊齊賢集註,元蕭士贇補註。

楊齊賢,生卒年不詳,字子見,舂陵人,官通直郎。蕭士贇,生卒年不詳,字粹可,號粹齋,寧都縣人。

書高27.4釐米,寬16.5釐米。版框高19.7釐米,寬13.1釐米。每半葉十二行,行二十字,小字雙行,行二十六字。白口,左右雙邊。版心中部記"李詩註"及卷次,下記葉次。

卷一首葉第一行題"分類補註李太白詩卷之一",第二行題"舂陵楊齊賢子見集註",第三行題"章貢蕭士贇粹可補註",第四行起正文。

書首有至元辛卯蕭士贇撰"序例","分類補註李太白詩目録"。

木匣鐫"元版元印分類補註李太白集"。書衣書籤墨題"元版元印李太白全集"。目録後木牌有墨筆題"此内考初印本有建安余氏勤有堂刊八篆字為後鑱去者/庚申夏至日記",鈐"馬卿"朱印。書中鈐"馬位"、"思山"、"南宅"、"畿輔譚氏藏書印"、"譚錫慶學看元本書籍印"、"篤生經眼"朱印。

分類補註李太白詩卷之一

春陵楊齊賢子見　集註

章貢蕭士贇粹可　補註

古賦　八首

大鵬賦　并序

余昔於江陵見天台司馬子微〔王贇曰唐書司馬承禎字子微洛州溫人事潘師正傳正一之法其正傳元中再被召至京〕，謂余有仙〔謂余有仙〕風道骨，可與神遊八極之表。〔士贇曰列子御風而行泠然善也於華胥氏之國仕合州之西台州之北不知斯齊氏之國幾千萬里蓋非舟車足力之所及神遊而已又至人上窺青天下籍黃泉揮斥八極神氣不變雜篇子又有八荒之外乃有人〕因著大鵬遇希有鳥賦以自廣。此賦已傳于世，往往人間見之。悔其少作，未窮宏達之旨，中年棄之。

分類補註李太白集二十五卷年譜一卷

日本延寶七年（1679）刻本

DC0693九册

唐李白撰，元楊齊賢集註，元蕭士贇補註，日山
脇重顯校點。

書高26.1釐米，寬18.4釐米。版框高21.5釐米，
寬14.5釐米。無行欄。每半葉九行，行二十字，小字雙
行，字數同，字旁有日文訓讀。白口，單黑魚尾，四周
單邊。魚尾上方記“李詩補註”，魚尾下記卷次，又下
方記葉次。書衣書籤題“分類補註李太白詩”。書末鐫
“延寶七巳未歲三月吉辰開板”。

卷一首葉第一行題“分類補註李太白詩卷之
一”，第二行題“春陵楊齊賢子見集註”，第三行題
“章貢蕭士贇粹可補註”，第四行題“明長洲許自昌
玄祐甫校”，第五行起正文。

書首有蕭士贇序例，寶應元年李陽冰“唐翰林
李太白詩序”，咸平元年樂史後序，貞元六年劉全
白“唐翰林李君碣記”，宋敏求後序，南豐曾鞏後
序，元豐三年毛漸後序，分類補註李太白詩目録。卷
二十五末題“山脇重顯校點”。

闕卷六至八。

書中鈐“名山堂藏書章”朱印。

分類補註李太白詩卷之一

春陵楊齊賢子見集註

章貢蕭士贇粹可補註

明長洲許自昌玄祐甫校

古賦 八首

大鵬賦 并序

余昔於江陵見天台司馬子微 王贄曰唐書司馬承禎字子微洛州人事潘師正傳辟穀導引術無不通徧遊名山盧天台不出睿宗召至問道開元中再被召卒年八十九沈玢續仙傳以為尸解弟子葬其衣冠雲笈七籤天台赤城山高一萬八千丈洞周圍五百里名上清玉平之

李詩講義二卷

日本明治四十二年（1909）油印本
DC0694二册

日本森泰二郎述，日本荒浪市平速記。

書高22.8釐米，寬15.2釐米。版框高19.1釐米，寬12.7釐米。每半葉十二行，行二十字。白口，無魚尾，四周雙邊。版心上方記"李詩講義"，中記卷次。書衣書籤題"李詩講義"。書末有版權葉。

卷一首葉第一行題"李詩講義卷一"，第二行題"森槐南先生述"，第三行題"荒浪煙崖速記"，第四行無字，第五行正文。

書首有明治四十二年"例言"。

李詩講義卷一

森槐南先生述

荒浪煙崖述記

有唐詩人至杜氏集古今之大成為風雅之

正宗譚勢嶔崎無與議者然有同時

並出與之頡頏上下驅馳中原勢鈞力敵而無所

多讓太白永于古一人也夫論古人之詩當觀其

大著遠者得其性情之所存然後等嚴材力辦職

崩淚以定其流品一切惚又何食之論矣疑進哉

李杜二家所謂異曲同工殊塗同歸若觀其全詩

阿知英太白高逸故其為縱恣不羈飄々然有逸

李詩講義卷一

文忠集十六卷

清乾隆四十七年（1782）武英殿聚珍本

DC0186二册

唐顏眞卿撰。

顏眞卿（709—785），字清臣，唐京兆萬年人。官吏部尚書、刑部尚書等。封魯郡开國公，世稱"顏魯公"。

書高25.2釐米，寬15.7釐米。版框高19.3釐米，寬12.9釐米。每半葉九行，行二十一字，小字雙行，字數同。白口，單黑魚尾，四周雙邊。魚尾上方記"文忠集"，下記卷次及葉次，版心下方背面記校者姓名。

卷一首葉第一行題"文忠集卷一"，第二行題"唐顏眞卿撰"，第三行起正文。

書首有乾隆甲午"御製題武英殿聚珍版十韻有序"、"文忠集目録"，目録後有乾隆四十七年紀昀等校上案語，劉敞序。

書中鈐"莊氏珍藏"、"大倉文化財團藏書"朱印。

文忠集卷一

唐 顏真卿 撰

奏議

請復七聖謚號狀

謹案禮記曰先王謚以尊名節以一惠故行出于己而
名生于人使夫善者勸而惡者懼也而虞夏之質殷周
之文至矣而禹湯文武之君咸以一字為謚文則不
稱武言武則不稱文豈聖德所不優乎盖聖臣稱其至
者是以子不得議父臣不得議君天子崩則臣下制謚

文忠集 卷一 二

杜工部集二十卷卷首一卷附諸家詩話一卷唱酬題咏附録一卷

日本文化九年（1812）東都崇文書堂刻本

DC0696一函八册

唐杜甫撰。

杜甫（712—770），字子美，號少陵，河南鞏縣人。歷官左拾遺、華州司功參軍、檢校工部員外郎等職。

書高19.3釐米，寬12.9釐米。版框高12.2釐米，寬9.4釐米。每半葉八行，行十七字，小字雙行，字數同，字旁有日文訓讀。上黑口，左右雙邊。版心中記"杜集"及卷次，下方記葉次。書衣書籤題"杜工部集"，旁貼紙籤印卷目。内封鐫"文化壬申季冬翻刻/杜工部集/東都崇文書堂梓"，鈐"崇文堂製本記"朱印記。書末有文化九年東都書林刊記。

卷一首葉第一行題"杜工部集卷之一"，第二行正文。

書首有乾隆四十九年鄭澐敍。

書中鈐"峨眉天□□□"、"延豆良武羅美也宇智"朱印。

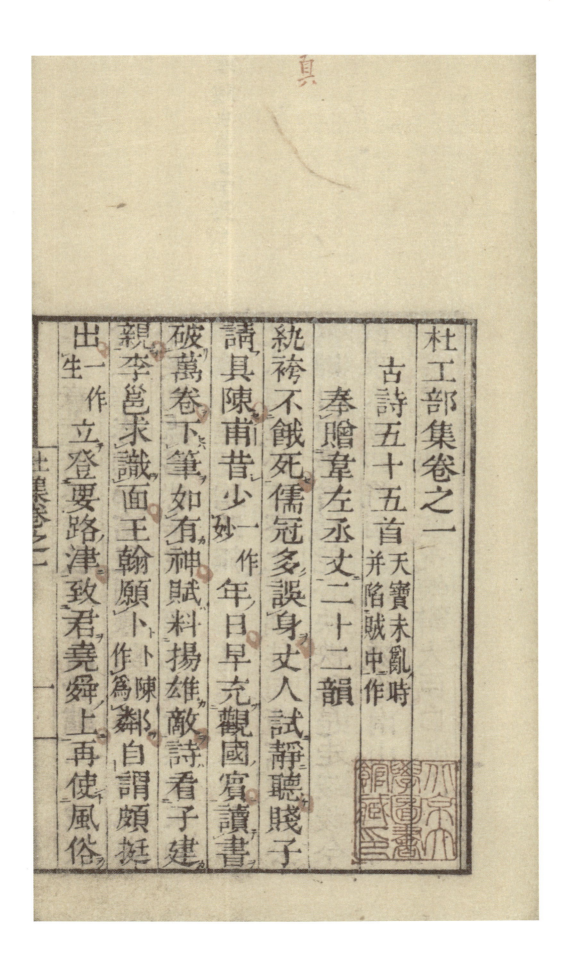

杜工部集卷之一

古詩五十五首 天寶未亂時
陷賊中作

奉贈韋左丞丈二十二韻 并

紈袴不餓死儒冠多誤身丈人試靜聽賤子

請具陳甫昔少年 一作年日早充觀國賓讀書

破萬卷下筆如有神賦料揚雄敵詩看子建

親李邕求識面王翰願卜 卜作陳鄴自謂頗挺

出 一作立登要路津致君堯舜上再使風俗

杜集卷之一 一

集千家註分類杜工部詩二十四卷
杜工部文集二卷附一卷

元廣勤書堂刻本

DC0183一木匣二函十二册

唐杜甫撰,宋徐居仁編次,宋黃鶴補註。

書高24釐米,寬17釐米。框高19.7釐米,寬13.5釐米。每半葉十二行,行二十字,小字雙行,行二十六字。上下黑口,雙黑魚尾,四周雙邊。上魚尾下方記"杜詩註"及卷次,下魚尾下方記葉次。"杜工部文集"上魚尾下方記"杜詩"及卷次。書末書牌鐫"廣勤書堂新刊"。蝴蝶裝。

卷一首葉第一行題"集千家註分類杜工部詩卷之一",第二行題"東萊徐居仁編次",第三行題"臨川黃鶴補註",第四行起正文。

書首有"集千家詩註分類杜工部詩目録","集註杜工部詩姓氏"。

木匣鐫"元版元印杜集共十二册"。書末書牌後墨題"舊板杜詩十二册表裝嘉靖乙未夏四月雨山郭登庸寓南京公署晴竹軒記"。書衣書籤墨題"千家註分類杜工部集辛亥秋孫壯題"。每册首葉鈐"篤生經眼"、"譚錫慶學看元本書籍印"朱印。

集千家註分類杜工部詩卷之一

東萊　徐　居仁　編次

臨川　黃　鶴　補註

紀行上

古詩四十首

北征　〔陳曰〕後漢班彪更始時避地凉州發長安作此征賦故公因之作此征詩〔鶴曰〕至德二載公自鄜州所在寇多竄年鄜竄孤弱至饑死者有墨制許自省視八月之吉公家始北征徒步至三川迎妻子故有是詩〔蘇曰〕此征詩識曰君臣之大體忠義之氣與秋色相爭高可貴此黃庭堅曰此書一代之事與國風雅頌相爲表裏也〔鶴曰〕楚辭九懷駕玄螭兮此征詩述往在路及到家之事當在先村後九故一公薨垂今秋衿

皇帝二載秋閏八月初吉〔緒〕〔帝曰按唐紀是年閏月甲寅安慶緒寇好畤渭比李光進敗之此詩〕杜子將北征蒼茫問家

〔云初吉乃是其月初一日其日休暘又本出弥是久得此命而未敢行也〕

杜詩評鈔四卷

日本明治三十年（1897）京都文求堂刻本

DC0697一函二册

清沈德潛纂。

沈德潛（1673—1769），字確士，號歸愚，江蘇蘇州人。乾隆四年進士，官至禮部侍郎。

書高22.9釐米，寬14.5釐米。版框高15.3釐米，寬10.9釐米。二截版。下截版高12.3釐米，每半葉九行，行十九字，小字雙行，字數同；上截版高3釐米，每半葉十八行，行七字。白口，單黑魚尾，左右雙邊。魚尾上方記 "杜詩評鈔"，魚尾下記卷次，又下方記葉次。書衣書籤題 "杜詩評鈔"。内封鐫 "清沈德潛確士撰大家合評/杜詩評鈔/京都文求堂藏板"，鈐 "文求堂記" 印記。書末有明治三十年版權葉，鈐 "文求堂" 印記。

卷一首葉第一行題 "杜詩評鈔卷一"，第二行題 "長洲沈德潛確士纂"，第三行起正文。

函套鈐 "片山勤印"、"子業氏"、"關" 朱印。書中鈐 "精堂"、"片山勤印"、"聖代寒儒"、"勤字子業" 朱印。

杜詩評鈔卷一

長洲沈德潛確士纂

五言古詩

遊龍門奉先寺　即伊闕一名龍門非禹貢河東之龍門也

游字只首一句了之此愴少作雖存老杜面目終是不脫老六朝風調蓋非杜之至者或云公集當以望岳詩為首可從

已從招提遊更宿招提境陰壑生虛籟月林散清影天闕象緯逼雲臥衣裳冷欲覺聞晨鐘令人發深省

望嶽

〇五〇字〇是〇太〇山〇分〇也〇

深省

起得濶大遠老詩騰之大可見

岱宗夫如何齊魯青未了造化鍾神秀陰陽割昏

杜詩講義三卷

日本明治四十一至四十二年（1908—1909）油印本
DC0698三册

　　　　　　日本森粲二郎述，日本荒浪市
平速記。

　　　　　　書高23.3釐米，寬15釐米。版
框高20.6釐米，寬13.1釐米。每半葉
十二行，行二十字。白口，無魚尾，
四周雙邊。版心上方記"杜詩講
義"，下記葉次。書衣書籤題"杜詩
講義"。各册書末有版權葉。

　　　　　　卷一首葉第一行題"杜詩講
義卷一"，第二行題"森槐南先生
述"，第三行題"荒浪煙崖速記"，
第四行起正文。

　　　　　　書首有明治四十一年"例言"，
明治四十一年稟告一紙。

杜詩講義卷一

森槐南先生述

荒浪煙崖速記

緒論

今日ヨリ段々トシテ杜少陵ノ近体ノ詩ヲ流

總ニ潜リ選ニ成リマシテ杜詩偶評ニ就キマシ

テ御話スル事ニ相成リマシタシタノデゴザイマ

スルニ元来詩ト申シマスルモノハ講解ヲ致

スヘキ訳ノモノデハ實ハ無イノデゴザイマ

大、是ヨリ以前ニ詩ノ講義ヲ致シマスルト

云フコトハ餘リ私共モ聞カナカツタトデ

ゴザイマス、元来詩ハ妙所ト申シマスルモ

李嘉祐集二卷

明金屬活字本

DC0188一函一册

唐李嘉祐撰。

李嘉祐，生卒年不詳，字從一，趙州人。天寶七年進士，授秘書省正字，官至袁州刺史。

書高27.8釐米，寬17.4釐米。版框高19.1釐米，寬12.8釐米。每半葉九行，行十七字。上下細黑口，單黑魚尾，左右雙邊。上魚尾下方記"李嘉祐集"及卷次，下記葉次。

卷一首葉第一行題"李嘉祐集卷上"，第二行起正文。

書中鈐"篤生經眼"、"譚錫慶學看宋板書籍印"、"畿輔譚氏藏"、"大倉文化財團藏書"朱印。

李嘉祐集卷上

七言古詩

江上曲

江心澹澹芙蓉花江口蛾眉獨浣沙可憐應
是陽臺女坐對鸕鷀嬌不語掩面羞看北地
人廻身忽作巫山雨蒼梧秋色不堪論千載
依依帝子魂君看峰上斑斑竹盡是湘妃泣
淚痕

傷吳中

錢考功集十卷

明金屬活字本
DC0188一函一册

唐錢起撰。

錢起（722—780），字仲文，吳興人。唐天寶七年進士，官至考功郎中、翰林學士。

書高27.7釐米，寬17.4釐米。版框高19.2釐米，寬13.1釐米。每半葉九行，行十七字。上下細黑口，單黑魚尾，左右雙邊。上魚尾下方記“錢考功集”及卷次，下記葉次。

卷一首葉第一行題“錢考功集卷第一”，第二行起正文。

書衣書籤墨題“宋板錢考功集”。書中鈐“譚錫慶學看宋板書籍印”、“大倉文化財團藏書”朱印。

錢考功集卷第一

五言古詩

東陽郡齋中詣南山招辛十

霽來海畔山隱映城上起中峰落照時殘雪
翠微裏同心又爲別孤興那對此良會何遲
邐迤清陽瞻則爾

青泥驛迎獻王侍御

候館掃清晝使車出明光森森入郭樹一道
引飛霜仰視鶻花自多懃綬色黃鶬鵷無羽

毘陵集二十卷

清鈔本

DC0191一函四冊

唐獨孤及撰。

獨孤及（725—777），字至之，河南洛陽人。歷濠、舒二州刺史，以治課加檢校司封郎中，賜金紫魚袋。

版框高26.5釐米，寬17.2釐米。每半葉十一行，行二十一字，小字雙行，字數同。版心下記葉次。

卷一首葉第一行題"毘陵集卷第一"，第二行題"朝散大夫使持節常州諸軍事守常州刺史賜紫金魚袋獨孤及"，第三行起正文。

書首有李舟述"唐常州刺史獨孤公文集序"。

卷末有署名跋一篇。書中鈐"彭城楚殷氏讀書記"、"馮氏校定無先葉"、"大倉文化財團藏書"朱印。

毗陵集卷第一

朝散大夫使持節常州諸軍事守常州刺史賜

賦

　夢遠遊賦

詩上二十三首

　壬辰歲過舊居

　喪中酬于逖畢燿問病見贈

　三月三日自京到華陰水亭獨酌

　寄裴六薛八

　海上寄蕭立

　酬梁二十宋中所贈兼別梁少府

劉随州文集十一卷外集一卷

明弘治戊午(十一年,1498)韓明刻本

DC0184一函二册

唐劉長卿撰。

劉長卿(約726—約786),字文房,宣城人,官至随州刺史。

書高26.5釐米,寬16釐米。版框高17.2釐米,寬12.8釐米。每半葉十行,行十八字。上下黑口,双黑魚尾,四周雙邊。上魚尾下記"随州"及卷次,下魚尾下方記葉次。

卷一首葉第一行題"劉随州文集卷第一",第二行題"随州刺史劉長卿",第三行起正文。

書首有"劉随州詩集目録"。書末有弘治戊午韓明識語。

書中鈐"大倉文化財團藏書"朱印。

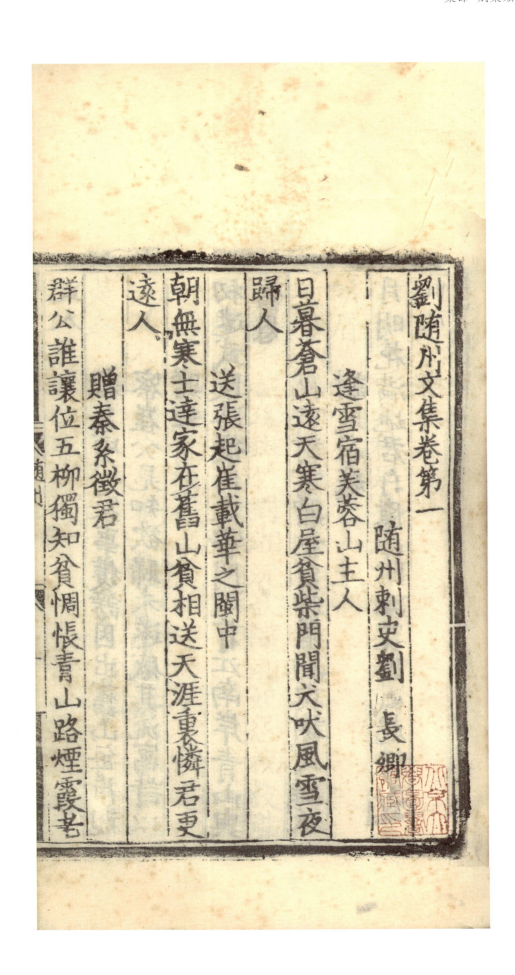

劉隨州文集卷第一

随州刺史劉長卿

逢雪宿芙蓉山主人

日暮蒼山遠　天寒白屋貧　柴門聞犬吠　風雪夜歸人

送張起崔載華之閩中

朝無寒士達　家在舊山貧　相送天涯裏　憐君更遠人

贈秦系徵君

群公誰讓位　五柳獨知貧　惆悵書山路　煙霞老

戴叔倫集二卷

明金屬活字印本

DC0189一函一册

唐戴叔倫撰。

戴叔倫（732—789），字幼公（一作次公），潤州金壇人。官至容管經略使。

書高27.8釐米，寬17.4釐米。版框高19.1釐米，寬12.8釐米。每半葉九行，行十七字。上下細黑口，單黑魚尾，左右雙邊。上魚尾下方記"戴叔倫集"及卷次，又下記葉次。

卷一首葉第一行題"戴叔倫集卷上"，第二行起正文。

書中鈐"譚錫慶學看宋板書籍印"、"大倉文化財團藏書"朱印。

戴叔倫集卷上

五言古詩

去婦怨

出戶不敢啼　風悲日悽悽

心知恩義絕　誰忍分明別

下坂車轔轔　畏逢鄉里親

空持牀前幔　却寄家中人

忽辭王吉去　爲是秋月死

若比今日情　煩冤不相似

古意

悠悠南山雲　濯濯東流水

念我平生歡　托居

耿湋集三卷

明金屬活字本

DC0192一函一册

唐耿湋撰。

耿湋，生卒年不詳，字洪源，河東人。寶應二年進士，官右拾遺。

書高27.7釐米，寬17.4釐米。版框高19.1釐米，寬13.1釐米。每半葉九行，行十七字。上下細黑口，單黑魚尾，左右雙邊。上魚尾下方記"耿湋集"及卷次，又下記葉次。

卷一首葉第一行題"耿湋集卷上"，第二行起正文。

書中鈐"譚錫慶學看宋板書籍印"、"大倉文化財團藏書"朱印。

耿湋集卷上

五言古詩

發南康夜泊灨石中

倦客乘歸舟春溪杳將暮群林結瞑色孤泊
有佳趣夜山轉長江赤月吐深樹颯颯松上
吹泛泛花間露險石俯潭渦跳湍礙沿泝
唯垂堂戒兼以臨深懼稍出回鴈峰明登斬
蛟柱連雲向重山杳未見鍾路

過王山人舊居

韋蘇州集十卷拾遺一卷

明弘治丙辰（九年，1496）刻本

DC0190一函二册

唐韋應物撰。

韋應物（737—792），長安人。官至蘇州刺史。

書高26.3釐米，寬15.8釐米。版框高18.4釐米，寬13.5釐米。每半葉十行，行十八字。上下大黑口，雙黑魚尾，四周雙邊。上魚尾下記"韋"及卷次，下魚尾下記葉次。

卷一首葉第一行題"韋蘇州集卷第一"，第二行題"蘇州刺史韋應物"，第三行起正文。

書首有嘉祐元年王欽臣撰"韋蘇州集序"，"韋蘇州集目録"。書末有弘治丙辰楊一清"題新刻韋蘇州集後"。

書中鈐"大倉文化財團藏書"朱印。

韋蘇州集卷第一

蘇州刺史韋 應物

古賦一首

冰賦

夏六月白日當午火雲四至金石灼爍玄泉潛
瀯雖深居廣厦珍簟輕箑而亦欝欝燠燠不能
和平其氣陳王於是登別館散幽情招親友以
高會尊仲宣為客卿睹頒冰之適至喜煩暑之
暫清王乃誇賞而歌曰含皎皎兮瓊玉姿氣凄
凄兮奪天時飲之瑩骨兮何所思可進於賓諸

須溪先生校本韋蘇州集十卷拾遺一卷

日本寬永三年（1626）刻本

DC0699五冊

唐韋應物撰。

書高27.3釐米，寬18.1釐米。版框高18.4釐米，寬13.9釐米。無行欄。每半葉九行，行十七字，字旁有日文訓讀。白口，四周雙邊。版心上記"韋蘇州集"，中記卷次，下記葉次。書衣書籤題"韋蘇州集"。書末有寶永三年刊記。

卷一首葉第一行題"須溪先生校本韋蘇州集卷第一"，第二行題"蘇州刺史韋應物"，第三行起正文。

書首有嘉祐元年王欽臣"韋蘇州集序"，"須溪先生校本韋蘇州集總目"。書末有德祐初秋後序，何湛之"陶韋合刻跋"。

須溪先生校本韋蘇州集卷第一

蘇州刺史韋 應物

古賦 一首

氷賦

夏六月白日當午炎雲四至金石灼爍玄泉

潛沸雖深居廣廈珍簟輕簟而亦蘇煥

不能和平其氣陳王扵是登別館散煩情招

親友以高會尊仲宣為容鄉睇頒氷之適至

喜煩暑之暫清王乃誇賓而歌曰含依

韋蘇州集 卷

盧綸集六卷

明金屬活字本

DC0194三册

唐盧綸撰。

盧綸（約737—約799），字允言，河中蒲人。天寶末舉進士，官至檢校戶部郎中。

書高27.7釐米，寬17.3釐米。版框高19.1釐米，寬12.8釐米。每半葉九行，行十七字。上下細黑口，單黑魚尾，左右雙邊。上魚尾下記"武元衡集"及卷次，下方記葉次。

卷一首葉第一行題"盧綸集卷第一"，第二行起正文。

書衣書籤墨題"宋板盧綸集"。書中鈐"譚錫慶學看宋板書籍印"、"大倉文化財團藏書"朱印。

盧綸集卷第一

五言古詩

綸與吉侍郎中孚司空郎中曙苗員
外發崔補闕峒耿拾遺湋李校書端
風塵追遊向三十載數公貞當時盛
稱榮耀未幾俱沉下泉暢博士當感
懷前蹤有五十韻見寄輒有所訓兼
寄夏侯侍御審倉曹釗

稟命孤且賤少爲病所嬰八歲始讀書四方

李益集二卷

明金屬活字本

DC0193一函一册

唐李益撰。

李益（746—829），字君虞，陝西姑藏人。大曆四年進士，官至禮部尚書。

書高27.6釐米，寬17.4釐米。版框高19.1釐米，寬13.1釐米。每半葉九行，行十七字。上下細黑口，單黑魚尾，左右雙邊。上魚尾下方記"李益集"及卷次，又下記葉次。

卷一首葉第一行題"李益集卷上"，第二行起正文。

書中鈐"大倉文化財團藏書"朱印。

李益集卷上

五言古詩

登長城

漢家今上郡　秦塞古長城　有日雲長慘　無風
沙自驚　當今聖天子　不戰四夷平

雜曲

妾本蠶家女　不識貴門儀　藁砧持玉斧　交結
五陵兒　十日或一見　九日在路岐　人生此夫
婿　富貴欲何爲　楊柳徒可折　南山不可移　婦

新刊唐陸宣公集二十二卷

明刻本

DC0052一函八册

唐陸贄撰。

陸贄（754—805），字敬輿，嘉興人。唐大曆八年進士，官至中書侍郎同平章事。卒諡宣。

書高27.2釐米，寬16.4釐米。版框高19.6釐米，寬13釐米。每半葉十行，行二十字，小字雙行，字數同。大黑口，雙黑魚尾，四周雙邊。上魚尾下方記"奏議"及卷次，下魚尾下方記葉次。

卷一首葉第一行題"新刊唐陸宣公集卷之一"，第二行正文。

書首有"重刊陸宣公奏議序"，序末紀年署名裁去，奏劄，唐陸宣公像，唐權德輿撰"唐陸宣公翰苑集敍"，"重刊陸宣公奏議序"，序末紀年署名裁去，唐陸宣公集目錄。書末有永樂十四年齊政撰後序。

書根墨書册次。書首襯葉墨題"道光八年戊子八月十七日午前於平水學署前萬全暢家舖買"。書中鈐"瀟湘館"、"枕水石"、"聖山"、"司鐸平陽"、"大倉文化財團藏書"朱印。

新刊唐陸宣公集卷之一

制誥卷之一　赦宥上

奉天改元大赦制平朱泚後改建平
五年為興元元年

門下致理興化必在推誠志已濟人不吝改過朕嗣
守丕構君臨萬方失守宗祧越在草莽不念率德誠
莫追於既往永言思咎期有復於將來明徵厥初以
示天下惟我烈祖邁德庥人致俗化於和平拯生靈
於塗炭重熙積慶重二百年伊爾鄉尹庶官泊億兆
之衆代受亭育以迄于今功存于人澤墊于後肆予
小子獲續鴻業懼德不嗣罔敢怠荒然以長于深宮
之中暗于經國之務積習易溺居安忘危不知稼穡

武元衡集三卷

明金屬活字本

DC0195二册

　　唐武元衡撰。

　　武元衡(758—815),字伯蒼,緱氏人,武則天曾侄孫。官至劍南節度使。

　　書高27.8釐米,寬17.4釐米。版框高19.2釐米,寬12.8釐米。每半葉九行,行十七字。上下細黑口,單黑魚尾,左右雙邊。上魚尾下方記"武元衡集"及卷次,又下記葉次。

　　卷一首葉第一行題"武元衡集卷上",第二行起正文。

　　書衣書籤墨題"宋板武元衡集"。書中鈐"譚錫慶學看宋板書籍印"、"大倉文化財團藏書"朱印。

武元衡集卷上

五言古詩

古意

蜀國春與秋，岷江朝夕流長波東接海萬里

至揚州開門面淮甸楚俗饒歡宴舞榭黃金

梯歌樓白雲面蕩子未言歸池塘月如練

塞下曲

草枯馬蹄輕角弓勁如石驕虜初欲來風塵

暗南國走檄召都尉星火勒羌狄吾身許報

權德輿集二卷

明金屬活字本

DC0196一函一册

　　唐權德輿撰。

　　權德輿（759—818），字載之，天水略陽人。官至山南東道節度使。

　　書高27.8釐米，寬17.5釐米。版框高19.1釐米，寬13.1釐米。每半葉九行，行十七字。上下細黑口，單黑魚尾，左右雙邊。魚尾下方記"權德輿集"及卷次，又下記葉次。

　　卷一首葉第一行題"權德輿集卷上"，第二行起正文。

　　書中鈐"譚錫慶學看宋板書籍印"、"大倉文化財團藏書"朱印。

權德輿集卷上

賦

傷馴鳥賦

紛羽族之多端兮同翺飛而類殊有鸜鵒之
微禽亦播質於洪鑪因稚子之嬉遊得中園
之墜雛恣飲啄以馴擾來目前與坐隅爾乃
棲以籠楗鏁其羽翼晷軒以為娛伴遨翔
之無方乍踉蹡而將舉顧褵褷而復息雛主
人之見容終使翼天和於自得或親賓至止

朱文公校昌黎先生文集四十卷外集十卷集傳一卷遺文一卷

民國上海涵芬樓影印《四部叢刊》本

DC0700八册

唐韓愈撰,唐李漢編集,宋朱熹考異。

韓愈(768—824),字退之,河南河陽人,祖籍郡望昌黎郡。貞元八年進士,官至吏部侍郎。卒諡文。

書高20釐米,寬13.2釐米。版框高13.8釐米,寬9釐米。每半葉十三行,行二十三字,小字雙行,字數同。上下黑口,雙黑魚尾,四周雙邊。上魚尾下記"昌文"及卷次,下魚尾下記葉次。書衣書籤、書根題"朱文公校昌黎先生集"。內封題"朱文公校韓/昌黎先生集/四部叢刊集部",內封背面有牌記印"上海涵芬樓用元棐本景印原書板匡高營艁尺六寸二分寬四寸一分"。

卷一首葉第一行題"朱文松校昌黎先生文集卷之一",第二行空一格題"晦庵朱先生考異",下空三格題"留畊王先生音釋",第三行起正文。

書首有"晦庵先生朱文公韓文考異序",寶慶三年王伯大序,"昌黎先生集諸家姓氏","朱文公校昌黎先生集序",集序末有戊辰書林林宗玉識語,汪季路書,"朱文公校昌黎先生集凡例","朱文公校昌黎先生集目録"。

朱文公校昌黎先生文集卷之一

晦庵朱先生考異 　留畊王先生音釋

宋莒公云馮章靖親校舊每卷首具列卷中篇目馮

悉以朱墨滅殺之惟存其都凡集外別有目錄一卷

今按李漢所作序云惣七百首并目錄合四十一卷

則正與馮合

賦

感二鳥賦并序

歸感忱獻二鳥而賦之時宰相趙憬賈耽盧邁也

貞元十一年 謎 或作之作五 方之 以諸

五月戊辰愈東歸癸酉自

潼 音同潼關 關出息于河之陰時始去京師有不遇時之歎

見行有籠白烏白鸜鵒而西者號於道曰某土之守 音

使使 踈 吏者進於天子東西行者皆避路莫敢正目焉 關切

韓詩講義三卷

日本明治四十一至四十二年（1908—1909）油印本

DC0702三册

日本森㮶二郎述，日本荒浪市平速記。

書高22.8釐米，寬15.3釐米。版框高19釐米，寬12.5釐米。每半葉十二行，行二十字。白口，無魚尾，四周雙邊。版心上方記"韓詩講義"，中部記卷次。書衣書籤題"韓詩講義"。

卷一首葉第一行題"韓詩講義"，第二行題"森槐南先生述"，第三行題"荒浪煙崖速記"，第四行起正文。

書首有明治四十一年"例言"。各册書末有版權葉。

韓詩講義

森槐南先生述

荒浪烟崖遂記

元和聖德詩 並序

臣愈頓首再拜言。臣伏見皇帝陛下，即位以來，
誅流姦慝，朝廷清明，無有欺蔽。外斬楊惠琳、劉
闢以收夏蜀，東定青徐積年之叛，海內怖駭，不
敢違越。郊天告廟，神靈歡喜，風雨晦明，無不從
其順，太平之期，適當今日。蚤蒙懇澤，日與群臣序
立紫宸嚴陛下，親望穆穆之光，而其職業又在
以經藝教導國子，誠宜率先作歌詩，以稱道盛
德，不可以辭語淺薄，不足以自效為解，輒依古

韓詩轉箋卷一

白氏長慶集七十一卷目録二卷

明正德八年（1513）蘭雪堂金屬活字本

DC0197四函二十四冊

唐白居易撰。

書高28.6釐米，寬17釐米。版框高19.6釐米，寬14釐米。每半葉八行，行十六字，小字雙行，字數同。白口，單黑魚尾，左右雙邊。魚尾上方記"蘭雪堂"，下方記"白氏文集"及卷次，版心下方記葉次。

卷一首葉第一行題"白氏長慶集卷第一諷諭一凡六十五首"，第二行正文。

書首有長慶四年元稹述"白氏長慶集序"、"白氏長慶集目録"。

書中鈐"學士之章"、"彥清印"、"大倉文化財團藏書"朱印。

白氏長慶集卷第一諷諭一 凡六十五首

賀雨

皇帝嗣寶曆，元和三年冬。自冬及春暮，不雨旱爞爞。上心念下民，懼歲成凶災，遂下罪已詔，殷勤不遑寧萬邦。帝曰予一人，繼天承祖宗。憂勤不遑寧，夙夜心忡忡。元年誅劉闢，一舉靖巴邛。二年戮李錡，不戰安江東。顧惟眇眇德，遽有巍巍功。或者天降沴，無乃儆予躬。上思答天戒，下思致時邕。莫如率其身，慈和與儉恭。乃命罷進獻，乃命寬田農。宥死降五刑，已責寬三農。庶政靡不舉，皆出自宸衷。奔騰道路人，傴僂田野翁。歡呼相告報，感泣涕沾胸。順人人心悅，先天天意從。詔下才七日，和氣生沖融。凝為悠悠雲，散作習習風。晝夜三日雨，淒淒復濛濛。萬心春熙熙……

白氏文集卷之一

一二三

李文公集十八卷補遺一卷附錄一卷

清光緒乙亥（元年，1875）讀有用書齋刻本

DC0703一夾板四冊

唐李翱撰。

李翱（772—841），字習之，隴西成紀人。貞元十四年進士，官至山南東道節度使、檢校戶部尚書。卒諡文。

書高29.3釐米，寬17.5釐米。版框高19.6釐米，寬13.9釐米。每半葉九行，行十九字。白口，單黑魚尾，左右雙邊。魚尾上方記“李文”，魚尾下記卷次，又下方記葉次。

卷一首葉第一行題“李文公集卷第一”，第二行起正文。目録首葉第一行題“李文公集目録”，第二行題“總一十八卷凡一百三首”，下小字題“三首元闕”，第三行題“坿補遺一卷凡八首”，第四行題“唐山南東道節度使檢校戶部尚書李翱撰”，第五行目録。

書首有“欽定四庫全書總目/李文公集提要”，成化乙未何宜“李文公集序”，嘉靖二年黃景夔“李文公集序”，“李文公集目録”。附録末篇為光緒元年馮焌光“新栞李文公集跋”。

書中鈐“大倉文化財團藏書”朱印。

李文公集卷第一

賦三首

感知己賦 幽懷賦 釋懷賦

感知己賦 并序

貞元九年翺始就州府之貢舉人事其九月執文
章一通謁于右補闕安定梁君是時梁君之譽塞
天下屬詞求進之士奉文章造梁君門下者蓋無
虛日梁君知人之過也亦既相見遂於翺有相知
之道焉謂翺得古人之遺風期翺之名不朽於無

溫庭筠詩集七卷別集一卷

明弘治己未（十二年，1499）李熙刻本

DC0198二册

唐溫庭筠撰。

溫庭筠（約812—866），本名岐，字飛卿，太原祁縣人。官至國子助教。

書高25.3釐米，寬15.7釐米。版框高18.5釐米，寬12.2釐米。每半葉九行，行十八字。上下大黑口，三黑魚尾，四周雙邊。上魚尾下方記"溫集"及卷次，中下魚尾間記葉次。

卷一首葉第一行題"溫庭筠詩集卷第一"，第二行起正文。

書首有弘治己未李熙撰"溫庭筠詩集序"、"溫庭筠詩集目錄"。

書中鈐"檇李項藥師藏"、"笧邨珍藏"、"知不足齋藏書"、"秀水朱氏潛采堂圖書"、"琰字又持之印"、"榮權之印"、"大倉文化財團藏書"朱印。

溫庭筠詩集卷第一

鷄鳴埭曲

南朝天子射雉時銀河耿耿星參差（銅壺漏斷
夢初覺寶馬塵高人未知魚躍蓮東蕩宮沼濛
濛御柳懸棲鳥紅粧萬戶鏡中春碧樹一聲天
下曉盤踞勢窮三百年朱方殺氣成愁煙亖星
拂地浪連海戰鼓渡江塵漲天繡龍畫雉塡宮
井野火風驅燒九斿巋巢江燕砌生蒿十二金
人霜熂熂芊綿平綠臺城基暖色春容荒古陵

玉谿生詩詳註三卷補一卷年譜一卷詩話一卷樊南文集詳註八卷

清乾隆四十五年（1780）德聚堂刻同治七年（1868）馮寶圻修補本

DC0704一函八冊

唐李商隱撰，清馮浩編訂。

李商隱（813—858），字義山，號玉谿生，又號樊南生，河南沁陽人。開成二年進士，歷任秘書省校書郎、弘農縣尉、盩厔縣尉、鹽鐵推官等職。馮浩（1719—1801），字養吾，號孟亭，浙江桐城人。乾隆十三年進士，官至御史。

書高30.4釐米，寬17.4釐米。版框高18.8釐米，寬14.4釐米。每半葉十一行，行二十五字，小字双行，行三十三字。白口，單黑魚尾，左右雙邊。魚尾上方記書名，魚尾下記卷次，又下方記葉次。內封鐫"玉谿生詩詳註/重校本德聚堂藏版"。文集內封鐫"樊南文集詳註/重校本德聚堂藏板"。

卷一首葉第一行題"玉谿生詩詳註卷之一"，以下小字註，第六行空三格題"桐鄉馮浩孟亭編訂"，下空四格題"秀水胡重子健參校"，第七行起正文。文集卷一首葉第一行題"樊南文集詳註卷之一"，以下小字註，第六行空二格題"桐鄉馮浩孟亭編訂"，下空四格題"受業朱天鎬周望參校"，第七行起正文。

書首有乾隆乙酉錢陳群"玉谿生詩詳註序"，乾隆丁亥王鳴盛"李義山詩文集詳註序"，乾隆二十八年馮浩"玉谿生詩詳註序"，序後鐫"乾隆四十五年庚子秋日重校付梓不更序"，玉谿生"詩詳註發凡"，"史文"。詩話後有"欽定四庫全書總目/李義山詩集提要"，提要後有嘉慶元年馮浩識語，"李義山詩文集詳註總目"。文集首有乾隆三十年錢維城"樊南文集詳註序"，"樊南文集詳註發凡"，"樊南文集詳註目錄"。書末有同治七年馮寶圻"李義山詩文集後跋"。

書中鈐"大倉文化財團藏書"朱印。

玉谿生詩詳註卷之二

編年詩○榟義山懷州河內人當少年長★★★州會★★★

云故山巖義上谿在中必指玉
陽王屋之山詳畫松詩偶成轉韻詩其檢註云河水自
流玉澗水注之水南由玉谿北流逕皇天原西又北逕關東之
義山所大圍相關也又云河水又東永樂澗水注之水北逕河
城西又南入於河此亦稱永樂溪水而初無玉溪之名乃曾昌間義山材寄居永樂故
而後人遂以此為長谿亦非也偶檢三水小牘云高下縣西南四十里谷律文正王屋
此與玉屋地雖近接界似稍惟卽此玉谿玩其詞義實有天谿屬懷州玉屋
道中詩云行吟想像單懷景多少梅花塢玉谿其義亦近讀元郎律文正王屋
近王屋上者大可為余說之證雖未能指明綯處必卽義山之玉谿矣

秀水胡重子健珍校

桐鄉馮浩孟亭編訂

韓碑

　以其賦元和聖德事
煌煌巨篇實常介晃全集故首登之無嫌少通其例

韓碑　按韓昌黎年全長慶四年段墾卿年壬太和九年此當井太和前所作今

元和天子神武姿　彼何人哉軒與羲

何義門曰起頌
得大體　憲宗得大體

誓將上雪列聖恥　坐法宮中朝四夷
安史　　榟新

淮西有賊五十載

　斬轅誓將上雪列聖恥忠自
　　　　　　唐書

後藩鎮遂
多擅命故云
藩鎮傳自吳少誠盜有蔡四十年而碑文云蔡帥之不廷授於今五十年盡大歷末李
希烈為其節度建中時為亂僭稱建與王真元元年為陳仙奇藥死仙奇復領鎮頗盡誠
節未幾少誠役之　封狼生貙貙生羆　狼貙豼雅爾狼貙後漢書張衡傳射蝚蠖家之封
合凡五十餘年矣　　　　　　狼貙似貍註曰今山民呼貙虎之

玉谿生詩詳註　卷二　重校本

三蘇全集四種二百八卷

清道光壬辰（十二年，1832）眉州三蘇祠刻本

DC0794十二函三十八冊

清弓翊清編。

書高28.5釐米，寬18.4釐米。內封鐫"三蘇全集"。

書首有道光癸巳弓翊清"補刻三蘇全集跋"，道光乙酉徐陳謨序，任長慶"三蘇全集原敘"，"三蘇全集凡例"，"宋史本傳"。書末有王之俊跋，跋後列經理紳士姓名。

書中鈐"漢陽周氏晚喜廬所藏"、"鄂中周氏寶藏"、"大倉文化財團藏書"朱印。

子目：

1.嘉祐集二十卷　宋蘇洵撰

版框高19.5釐米，寬14.2釐米。每半葉九行，行二十五字。上下粗黑口，雙黑魚尾，左右雙邊。魚尾下方記"嘉祐集"及卷次、細目，又下方記葉次。內封鐫"道光壬辰新鐫/嘉祐集/板藏眉州三蘇祠"。

卷一首葉第一行題"嘉祐集卷之一"，第二行題"眉山蘇洵老泉氏著"，第三行起正文。

2.東坡集八十四卷　宋蘇軾撰

版框高19.8釐米，寬14.8釐米。每半葉九行，行二十五字。上下粗黑口，雙黑魚尾，左右雙邊。魚尾下方記"東坡集"及卷次、細目，又下方記葉次。內封鐫"道光壬辰新鐫/東坡全集/板藏眉州三蘇祠"。

卷一首葉第一行題"東坡集卷之一"，第二行空一格題"東坡先生年譜"，下空十格題"五羊王宗稷編"，第三行起正文。

3.欒城集四十八卷後集二十四卷三集十卷應詔集十二卷　宋蘇轍撰

版框高19.3釐米，寬14.6釐米。每半葉九行，行二十五字。上下粗黑口，雙黑魚尾，左右雙邊。魚尾下方記"欒城集"及卷次，又下方記葉次。內封鐫"道光壬辰新鐫/欒城初集/板藏眉州三蘇祠"，後集內封鐫"道光壬辰新鐫/欒城後集/板藏眉州三蘇祠"，三集內封鐫"道光壬辰新鐫/欒城第三集/板藏眉州三蘇祠"。

卷一首葉第一行題"欒城集卷之一"，第二行至三行題"宋眉山蘇轍子由著"，下空五格題"明東吳/王執禮子敬/顧天敍禮初/仝校"，第四行起正文。

4.斜川集六卷　宋蘇過著

版框高19.5釐米，寬14.4釐米。每半葉九行，行二十五字。上下粗黑口，雙黑魚尾，左右雙邊。魚尾下方記"斜川集"及卷次，又下方記葉次。內封鐫"道光七年三月鐫/斜川集/眉州三蘇祠藏板"。

卷一首葉第一行題"斜川集卷之一"，第二行題"眉山蘇過叔黨氏著"，第三行起正文。

嘉祐集卷之一

眉山蘇　洵老泉氏著

幾策

審勢

治天下者定所尚所尚一定至於萬千年而不變使民之耳目純

於一而子孫有所守易以爲治故三代聖人其後世遠者至七八

百年夫豈惟其民之不忘其功以至於是蓋其子孫得其祖宗之

法而爲據依可以永久夏之尚忠商之尚質周之尚文視天下之

所宜尚而固執之以此而始以此而終不朝文而暮質以自潰亂

故聖人者出必先定一代之所尚周之世蓋有周公爲之制禮而

沈氏三先生文集六十二卷附録一卷

清乾隆嘉慶間鈔本

DC0216十册

宋佚名輯。

書高28.8釐米，寬18釐米。版框高28.8釐米，寬18釐米。每半葉九行，行二十字。清諱避至"曆"字。各卷卷末或書"從事郎處州司理參軍高布重校勘兼監雕"。

卷一首葉第一行題"沈氏三先生文集卷第一"，第二行題"西溪文集卷第一"，第三至四行題"翰林學士右諫議大夫知制誥充群牧使兼判吏部流内銓判尚書禮部長興縣開國伯食邑八百戶輕車都尉賜紫金魚袋沈御名/同音文通諱遘"，第五行起正文。

書末有康熙戊戌吳允嘉跋語。

原闕卷十一至卷二十二、卷四十一、卷四十三至五十一，即長興集卷四至十二、卷三十一、卷三十三至四十一。

卷五至七、卷十一至十三、《雲巢集》補遺一卷、附録一卷為清末鈔補。清諱避至"寧"字。

書中有朱筆校。書根墨題"三沈集"及册次、子目。鈐"八千卷樓藏書之記"、"四庫著録"、"大倉文化財團藏書"朱印。

子目：

卷一至卷十：西溪文集十卷　宋沈遘撰

卷十一至五十一：長興集四十一卷實存二十一卷　宋沈括撰

卷五十二至六十二：雲巢集十卷補遺一卷　宋沈遼撰

案語：長興集卷一至三諸家皆闕，此本所補不知何據。

沈氏三先生文集卷第一

西溪文集卷第一

翰林學士右諫議大夫知制誥充群牧使兼判史部流內銓判尚書禮部長興縣

開國伯食邑八百戶輕車都尉賜紫金魚袋沈御名同音文通諱遘進

歌詩

奉祠西太乙宮賦

應制依韵和 御製後苑賞花釣魚

杭州燕思閣分題四首

潯傾松院　潯巽亭

咸平集三十卷附録一卷

清鈔本

DC0200四册

宋田錫撰。

田錫（940—1003），字表聖，嘉州洪雅人。太平興國三年進士，官至左拾遺、直史館，賜緋魚。

書高29.7釐米，寬18.1釐米。無行欄。每半葉八行，行二十一字。版心上方記"咸平集"及卷次，下方記葉次。

卷一首葉第一行題"咸平集卷第一"，第二行題"京兆田錫"，第三行起正文。

書首有"欽定四庫全書咸平集提要"，蘇軾"田表聖奏議序"，范仲淹"田司徒墓誌銘"，司馬光"田司徒神道碑陰"，"咸平集目録"。

書首目録後有清同治四年徐時棟題記。書根墨題"咸平集"。書中鈐"城西草堂"、"柳泉"、"弗學不知其善"、"徐時棟祕笈印"、"柳泉書畫"、"大倉文化財團藏書"朱印。

咸平集卷第一

奏議

上太宗應詔論火災

雍熙元年六月詔曰朕以不敏不明託於兆人
之上夙夜祇惕罔敢怠荒賴 九廟儲祥上天
垂佑萬務粗治于今九年而數日前迅雷之中
烈火遽作既延災於正殿蓋示譴於眇躬抑畏

京兆田錫

戊平集卷一

一

王黃州小畜集三十卷

清鈔本

DC0201二函十二册

宋王禹偁撰。

王禹偁（954—1001），字元之，濟州巨野人。太平興國八年進士，官至蘄州知州。

書高27.7釐米，寬17.8釐米。版框高19.6釐米，寬14釐米。每半葉九行，行二十一字。白口，單黑魚尾，左右雙邊。魚尾上方記"小畜集"，下方記卷次及葉次。

卷一首葉第一行題"王黃州小畜集卷一"，第二行起正文。

書首有宋咸平三年王禹偁撰"王黃州小畜集序"，"王黃州小畜總目"。書末有宋紹興戊辰沈虞卿跋，紹興十七年雕造紙墨工價明細及銜名，明萬曆庚戌三月謝肇淛跋。

書中鈐"翰林院印"（滿漢文）、"教經堂"、"篤生經眼"、"海陵錢氏小天目山館圖書"、"辛道人"、"暫為御史再入翰林"、"海陵錢犀盦校藏書籍"、"教經堂錢氏章"、"三住蓬山重游泮水"、"犀盦藏本"、"大倉文化財團藏書"朱印。

王黃州小畜集卷一

古賦

藉田賦并序

臣謹按周制孟春之月天子親載耒耜躬耕藉

田所以事天地山川社稷先王體酪粢盛於是

乎取之恭之至也自周德下衰禮文殘缺故宣

王時有虢公之諫秦皇定霸鮮克由禮漢祖隆

興日不暇給孝景始復行為昭帝弄田亦其義

也後漢永平中明帝東巡耕于懷縣非古制為

和靖先生詩集二卷

日本貞享三年（1686）茨木多左衛門刻本
DC0705二冊

宋林逋撰。

林逋（967—1028），字君復，浙江大里（一說杭州錢塘）人。隱居杭州西湖，結廬孤山，賜諡"和靖先生"。

書高26.6釐米，寬18.2釐米。版框高19.1釐米，寬14.7釐米。每半葉九行，行十七字，字旁有日文訓讀。白口，四周單邊。版心上記"林和靖詩集"及卷次，下記葉次。書衣書籤題"林和靖詩集"。內封鐫"林和靖詩集/雒陽書肆柳枝軒藏版"。書末有"貞享三丙寅歲季春中浣日/茨木多左衛門鋟梓"刊記。

卷一首葉第一行題"和靖先生詩集上"，第二行起正文。

書首有皇祐五年梅堯臣"和靖先生詩集序"。書末有附京都書林售書目錄。

各冊書尾書衣墨書"北涯珍藏"。

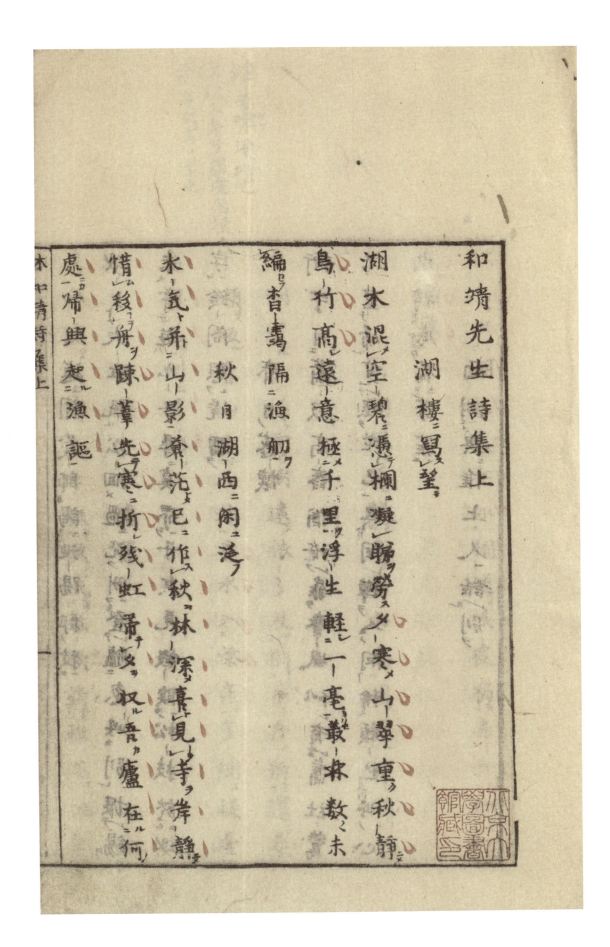

和靖先生詩集卷上

湖樓寫望

湖水混入空碧憑欄凝睇勞夕寒山翠重秋靜
鳥竹高遠意極千里浮生輕一毫叢來數之未
編杳杳隔漁舟

秋月湖西閑泛

水氣兼山影葉乘一洗巳作秋林深漸喜見寺岸離
情後舟暮先寒折殘虹掃夕攲吾盧在何
處歸與起漁誕

林中晚詩集上

范文正公忠宣公全集七十三卷

清康熙丁亥〔四十六年，1707〕歲寒堂刻本

DC0706六函三十冊

宋范仲淹撰，宋范純仁撰。

范仲淹（989—1052），字希文，吳縣人。大中祥符八年進士，官至龍圖閣直學士、陝西經略安撫招討副使。謚文正。范純仁（1027—1101），字堯夫，范仲淹次子。皇祐元年進士，累官侍御史、同知諫院、河中知府、成都路轉運使、給事中、同知樞密院事、觀文殿大學士等職。謚忠宣。

書高25.9釐米，寬17.3釐米。版框高18.4釐米，寬14.4釐米。每半葉十一行，行二十一字。白口，單黑魚尾，左右雙邊。魚尾下記"范文正公集"及卷次，下記葉次，又下方記"歲寒堂"。內封鐫"宋范文正公忠宣公全集／歲寒堂藏板"，鈐"歲寒堂印"朱印。

卷一首葉第一行題"范文正公集卷第一"，第二行起正文。

書首有元祐四年蘇軾"范文正公文集序"，"范文正公集目卷首"，總目。書末有康熙丁亥范時崇"重刻范文正公忠宣公全集後序"，康熙丁亥范能濬識語。

子目：

范文正公集文集二十卷、別集四卷、政府奏議二卷、尺牘三卷、年譜一卷、年譜補遺一卷、言行拾遺事錄四卷、鄱陽遺事錄一卷、遺跡一卷、義莊規矩一卷、褒賢集五卷、補編五卷。

范忠宣公全集文集二十卷、奏議二卷、遺文一卷、附錄一卷、補編一卷。

范文正公集卷第一

古賦

明堂賦

臣聞明堂者天子布政之宮也在國之陽于巳之方廣

大平天地之象高明平日月之章崇百王之大觀揭三

宮之中央昭壯麗于神州宣英茂於皇猷頌金玉之宏

度集人神之丕休故可祀先王以配上帝坐天子而朝

諸侯者也粵自蒼牙開極黃靈耀德巢穴以革棟宇以

植徹太古之弊明大壯之則風雨攸止宮室斯美將復

崇高乎富貴之位統和平天人之理乃聖大造明堂肇

起明以清其居堂以高而視壁廊焉而四達殿巋焉而

一

歲寒堂

范文正公忠宣二公全集七十三卷

清宣統二年（1910）刻本

DC0707十六冊

宋范仲淹撰，宋范純仁撰。

書高29.5釐米，寬17.2釐米。版框高18釐米，寬13.5釐米。每半葉十一行，行二十一字。白口，單黑魚尾，左右雙邊。魚尾下記"范文正公集"及卷次，又下方記葉次。內封鐫"宋范文正公忠宣二公全集"，內封背面鐫"宣統庚戌重雕寒堂本"。

卷一首葉第一行題"范文正公集卷第一"，第二行起正文。

書首有范文正像，像贊，宣統二年鄒福保"重刻范文正公忠宣二公全集序"，元祐四年蘇軾"范文正公集序"，"范文正公集目卷首"，總目。書末有康熙丁亥范時崇"重刻范文正公忠宣公全集後序"，康熙丁亥范能濬識語。

子目：

范文正公集二十卷、別集四卷、政府奏議二卷、尺牘三卷、遺文一卷、年譜一卷、年譜補遺一卷、義莊規矩一卷、褒賢集五卷、補編五卷，行拾遺録四卷，鄱陽遺事録一卷、遺跡一卷。

范文宣公文集二十卷、奏議二卷、遺文一卷、附録一卷、補編一卷。

範文正公集卷第一

古賦

明堂賦

臣聞明堂者天子布政之宮也在國之陽于巳之方廣
大乎天地之象高明乎日月之章崇百王之大觀揭三
宮之中央昭壯麗于神州宣英茂於皇猷頒金玉之宏
度集人神之不休故可祀先王以配上帝坐天子而朝
諸侯者也粤自蒼牙開極黃靈耀德巢穴以革棟宇以
植徹太古之弊明大壯之則風雨攸止宮室斯美將復
崇高乎富貴之位統和乎天人之理乃聖大造明堂肇
起明以清其居堂以高而視壁廊焉而四達殿歸焉而

景文集六十二卷

清乾隆四十六年（1781）武英殿聚珍本
DC0202二函十二册

宋宋祁撰。

宋祁（998—1061），字子京，安州安陸人。天聖二年進士，官至工部尚書，翰林學士承旨。

書高26.8釐米，寬16.7釐米。版框高19.6釐米，寬12.8釐米。每半葉九行，行二十一字，小字雙行，字數同。白口，單黑魚尾，四周雙邊。版心上方記"景文集"，下方記卷次、葉次，版心下方背面記校者姓名。目錄題名下印"武英殿聚珍版"。

卷一首葉第一行題"景文集卷一"，第二行題"宋宋祁撰"，第三行起正文。

書首有乾隆甲午"御製武英殿聚珍版十韻有序"，"御製題元憲景文集並各書其卷首"，"景文集目錄"，目錄後有乾隆四十六年紀昀等校上案語，唐庚序，嘉定二年陳之强序。

書中鈐"曾藏汪閬源家"、"乙丑生人"、"宗疇之印"、"大倉文化財團藏書"朱印。

景文集卷一

宋　宋祁　撰

賦

圜丘賦

若夫天地之區既奧而胠王者所以作京焉神明之奥

匯攻而築上帝所以定位焉我朝之擁歸運也譏函鎬

保界之陋鄙周雒停灣之淵乃據梁之芒芒偵河之渾

渾盡邦畿之千里于以宅天子之尊然後翼翼乾乾作

邦孚先祼其祖之所自出兮遂有事乎昊天占國南之

宛陵先生文集六十卷拾遺一卷附録一卷

明正統四年（1439）刻本

DC0203十一册

　　宋梅堯臣撰。

　　梅堯臣（1002—1060），字聖俞，宣州宣城人，因宣城古稱宛陵，故世稱宛陵先生。官至尚書都官員外郎。

　　書高25釐米，寬16.5釐米。版框高19.4釐米，寬14.7釐米。每半葉十行，行十九字。上下大黑口，雙黑魚尾，四周雙邊。兩魚尾間記卷次、葉次。

　　卷一首葉第一行題"宛陵先生文集卷第一"，第二行起正文。

　　書首有慶曆六年三月歐陽修撰"宛陵先生詩集序"。

　　闕卷三十三至卷三十七。

　　書中鈐"海鹽張氏研古樓藏書"、"燕喜堂"、"詠川"、"古鹽張氏"、"曉堂"、"希林堂""蟫盦"、"今月"、"毗陵董氏誦芬室收藏舊槧精鈔書籍之印"、"長川沈氏攬先閣收藏圖書"、"臣蓮手校"、"紅藥山房收藏私印"、"董康祕篋"、"誦芬室藏書記"、"連龕珍賞"、"青珊盦"、"廣川書庫"、"大倉文化財團藏書"朱印。

宛陵先生文集卷第一

和謝希深會聖宮

三后威靈遠層巒棟宇興衣冠漢原廟歌舞魏兩
陵日月融光峩山河王氣增叢檜琢文石連網絡
朱繩碧瓦寒鋪玉重欄瑩鏤冰粹儀神霧擁法家
繡龍升星斗羅容衛軒墀侍股肱宸蹤耀璇牓瑞
羽集觚稜閟殿深珠箔雕垣界綺滕笙從緩嶺咽
雲傍帝鄉凝龜組恭來詣貂璫蕭奉承欲知歸厚
意孝德自烝烝

右丞李相公自洛移鎮河陽

歐陽文忠公文集一百五十三卷附録五卷

明天順五年（1461）刻本

DC0204四十八册

宋歐陽修撰，周必大編。

周必大（1126—1204），字子充，一字洪道，自號省齋居士、青原野夫，又號平圓老叟，廬陵人。官至左丞相，封益國公。

書高27.2釐米，寬17.4釐米。版框高20.4釐米，寬13.1釐米。每半葉十行，行二十字，小字雙行，字數同。上下大黑口，雙黑魚尾，四周雙邊。上魚尾下方記"歐文"及卷次，下魚尾上方記葉次。

卷一首葉第一行頂格題"居士集卷第一"，下空三格題"歐陽文忠公集一"，第二行起正文。

書首有天順辛巳彭勗撰"新刊歐陽文忠公全集後序"，"歐陽文忠公文集總目"。

書中鈐"復翁"、"黃丕烈印"、"愛日精廬藏書"、"大倉文化財團藏書"朱印。

居士集卷第一　　歐陽文忠公集一

古詩三十八首

顏跖

顏回飲瓢水陋巷臥曲肱盜跖獸人肝九州恣橫行

回仁而短命跖壽死免兵愚夫仰天呼禍福豈足憑

跖身一腐鼠朽化無形萬世尚遭戮筆誅慘刀刑

惡其生所得豺犬飽臭腥顏子聖人徒生知自誠明

惟其生之樂豈減跖所縈死也至今在光輝輝光如

日星譬如埋金玉不耗精與英生死得失間較量誰

重輕善惡理如此母尤天不平

歐陽文忠公全集一百三十五卷

明嘉靖三十四年（1555）陳珊刻本

DC0708一夾板三十册

宋歐陽修撰。

書高29.7釐米，寬17.3釐米。版框高20.4釐米，寬14.4釐米。每半葉十行，行二十字，小字雙行，字數同。白口，單線魚尾，左右雙邊。魚尾下記"歐文忠公全集"及卷次，又下方記葉次。卷一魚尾下記"歐文忠公年譜"及卷次。偶見版心下記刻工姓名。

卷一首葉第一行題"歐陽文忠公全集卷一"，第二行起正文。

書首有嘉靖三十四年陳珊"重校刊歐陽文忠公全集序"，天順六年錢溥"歐陽文忠公全集序"，天順辛已彭勗"歐陽文忠公全集序"，周必大序，元祐六年蘇軾"居士集序"，"歐陽文忠公全集總目"。書末有"累朝校刊歐陽文忠公全集名氏"。

歐陽文忠公全集卷一

譜二

族譜圖序

譜圖

年譜

族譜圖序 石本

歐陽氏之先本出於夏禹之苗裔自帝少康封其庶
子於會稽使守禹祀歷夏商周以世相傳至于允常
子曰句踐是爲越王越王句踐傳五世至王無彊爲
楚威王所滅其諸族子分散爭立皆受封於楚而無

歐陽文忠公全集一百五十三卷
卷首一卷附録五卷

清嘉慶己卯（二十四年，1819）友善書屋刻本

DC0709二函十六册

　　宋歐陽修撰。

　　書高30.1釐米，寬17.4釐米。版框高19釐米，寬14.4釐米。每半葉十行，行二十四字，小字雙行，字數同。白口，單黑魚尾，左右雙邊。魚尾上方記"歐陽文忠公全集"，魚尾下記卷次及子目，又下方記葉次。内封鐫"嘉慶己卯仲冬重鐫/廬陵歐陽文忠公全集/友善書屋藏板"。

　　卷一首葉第一行頂格題"居士集卷第一"，下空一格題"全集一"，第二行題"二十七世孫衡校刊"，第三行起正文。

　　書首有"文忠公全集卷首目録"。

　　書中鈐"鄂中周氏寶藏"、"貞亮"、"貞亮私印"朱印。

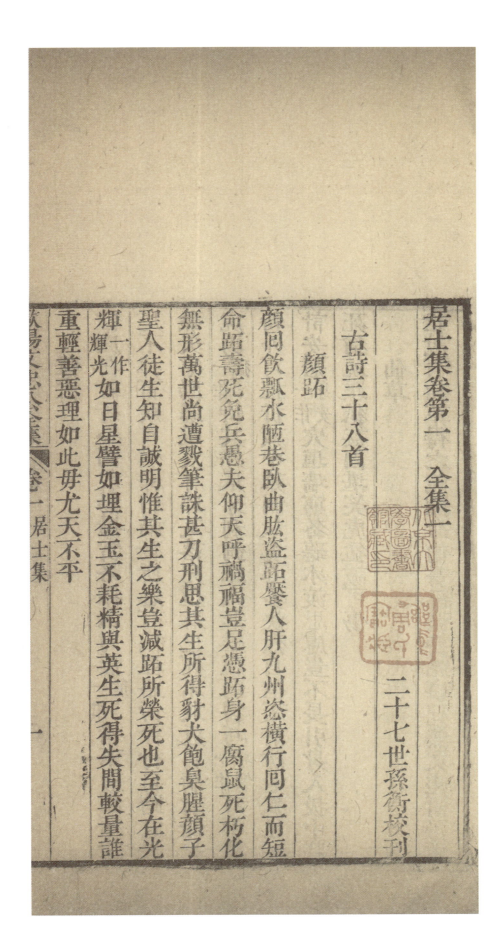

居士集卷第一　全集一

古詩三十八首

顏跖

顏回飲瓢水陋巷臥曲肱盜跖饕人肝九州恣橫行回仁而短
命跖壽死免兵愚夫仰天呼禍福豈足憑跖身一腐鼠死朽化
無形萬世尚遭戮筆誅甚刀刑思其生所得豺犬飽臭腥顏子
聖人徒生知自誠明惟其生之樂登減跖所榮死也至今在光
輝〈一作輝光〉如日星譬如埋金玉不耗精與英生死得失間較量誰
重輕善惡理如此毋尤天不平

歐陽文忠公全集　〈卷一〉居士集　一

鐔津文集二十二卷

明弘治十二年（1499）刻本

DC0205二函八册

宋契嵩撰。

契嵩（1007—1072），俗姓李，字仲靈，自號潛子，出生於藤津。仁宗賜號"明教大師"。

書高26.9釐米，寬16.6釐米。版框高19.1釐米，寬12.6釐米。每半葉十行，行十九字。上下大黑口，雙黑魚尾，四周雙邊。上魚尾下記"明教"及卷次，下魚尾上記葉次。

卷一首葉第一行題"鐔津文集卷第一"，第二行題"藤州鐔津東山沙門契嵩撰"，第三行起正文。

前後序文中字殘。

書首有弘治十二年如卺"明教引"，"鐔津文集總目録"，熙寧八年陳舜俞撰"鐔津明教大師行業記"。書末有弘治十二年雲山廣源"重刊鐔津文集後敘"。

書中鈐"畿輔譚氏藏書印"、"篤生經眼"、"大倉文化財團藏書"朱印。

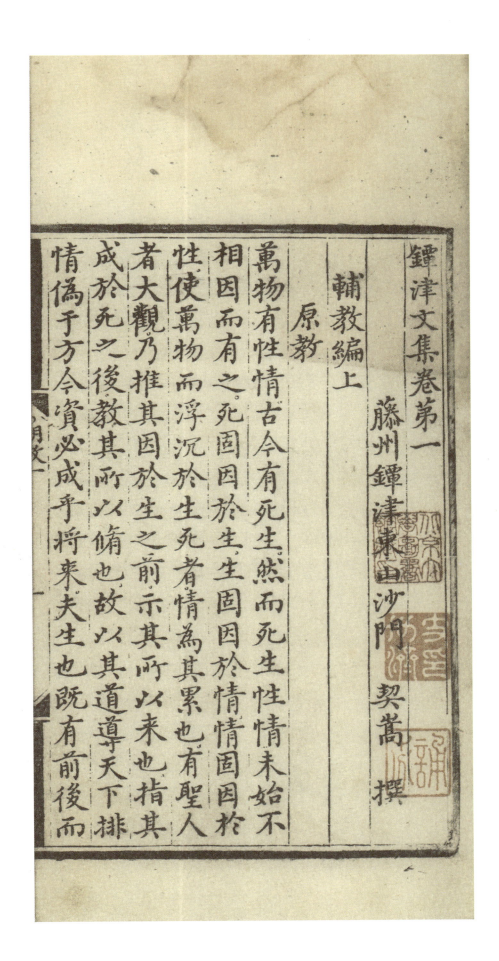

鐔津文集卷第一

輔教編上　　　藤州鐔津東山沙門契嵩撰

原教

萬物有性情古今有死生然而死生性情未始不
相因而有之死固因於生生固因於情情固因於
性使萬物而浮沉於生死者情為其累也有聖人
者大觀乃推其因於生死之前示其所以來也指其
成於死之後教其所以脩也故以其道道導天下排
情偽于方今資必成乎將來夫生也既有前後而

安陽集五十卷家傳十卷遺事一卷別錄三卷

清康熙五十六年（1717）徐氏刻本

DC0206一函八冊

宋韓琦著。

韓琦（1008—1075），字稚圭，自號贛叟，相州安陽人。天聖進士，官至宰相。

書高27.7釐米，寬17.4釐米。版框高18.8釐米，寬14.5釐米。每半葉十行，行二十一字。上下細黑口，雙黑魚尾，左右雙邊。上魚尾下記"安陽集"及卷次，下魚尾上記葉次，版心下記刻工。

卷一首葉第一行題"安陽集卷第一"，第二行題"宋司徒太師侍中上柱國尚書令忠獻魏王韓琦著"，第三行起正文。

書首有康熙五十六年徐樹敏"重刻安陽集序"，目錄。

書中鈐"大倉文化財團藏書"朱印。

安陽集卷第一

宋司徒太師侍中上柱國尚書令忠獻魏王韓琦著

古風二十三首

瓊花

維揚一株花四海無同類年年后土祠獨比瓊瑤貴中
含散水芳外團蝴蝶戲醲醽不見香芍藥慚多媚扶疎
翠蓋圓散亂眞珠綴不從衆格繁自守幽姿粹嘗聞好
事家欲移京轂地竟違孤潔情終誤栽培意洛陽紅牡
丹適時名轉異新榮託舊枝萬狀呈妖麗天工借顏色
深淡隨人智三春愛賞時車馬喧如市草木稟賦殊得

安陽集卷第一
一

趙清獻公文集十卷目録二卷

明刻本

DC0207一函八册

宋趙抃撰。

趙抃（1008—1084），字閲道，衢州西安人。景祐元年進士，官至參知政事。

書高27.7釐米，寬16.7釐米。版框高20.3釐米，寬14釐米。每半葉十一行，行二十字。上下大黑口，四黑魚尾，四周雙邊。上對魚尾間記"清獻文集"及卷次，下對魚尾間記葉次。

卷一首葉第一行題"趙清獻公文集卷第一"，第二行起正文。

書首有至治元年鈞元卿"趙清獻公文集序"，景定元年陳仁玉序，"趙清獻公文集上卷目録"。

書中鈐"韓涇汪氏家藏"、"春潮汪鏞"、"大倉文化財團藏書"朱印。

批清獻公文集卷第一

五言古詩　十五首

題和州文同判官五箴堂

李虞韓吏部　矯矯文宗師　立言作諸箴　勵世亦自規

游漩藏警惰　廢卷卷業終　老輝言箴慎　眼罪張孜口　觸禍機

行藏死所守　役義無非達　好惡不悖理　戒戒秋私是非

知名懼浮寶　動主嬸悉艱　五者口戒襞　要以君子歸

興阿知道辭　期至巖奠窺　諷巳記所志　寵石鑛車其辭

俾之拐堂上　使後亦匆蓐　夫人實其富　非浮殊自為

入賢去不肯　在巳不在蔚　希韓亦輔徒　中道無巳而

次韻獎祖安秀才連理永

趙清獻公文集十卷附録一卷目録二卷

明嘉靖壬戌〔四十一年，1562〕汪旦刻本

DC0208四册

宋趙抃撰。

書高26.5釐米，寬16.1釐米。版框高19.5釐米，寬13.8釐米。每半葉十一行，行二十字。白口，單線魚尾，左右雙邊。魚尾上記"清獻文集"，魚尾下記卷次，版心下方記葉次。

卷一首葉第一行題"趙清獻公文集卷第一"，第二行起正文。

書首有嘉靖壬戌楊準"重刻清獻文集序"，趙清獻公文集上卷目録。

卷四至五鈔配。書首鈔"四庫全書總目提要/趙清獻公文集"，景定元年陳仁玉"趙清獻公文集原序"。

書首內封墨題"四册八千卷樓插架/趙清獻集"。書中鈐"汪魚亭藏閲書"、"汪仲子曾讀一過"、"學士樓"、"大倉文化財團藏書"朱印。

趙清獻公文集卷第一

五言古詩　十五首

題邛州文同判官五箴堂

李唐韓吏部　矯矯文宗師　立言作諸箴　屬世亦自規

游箴警惰廢　事業終光輝　言箴慎囁嚅　張口觸禍機

行箴死所守　於義無乖違　好惡不悖理　戒或私是非

知名懼浮實　動主孅怨随　五者日踐優　要以君子歸

與可知道粹　期至嚴與窺　誦巳記所志　礱石鐫其辭

俾之褐堂上　使後亦勿隳　夫人貴且富　非得強自為

入賢去不肖　在巳不在時　希韓亦韓徒　中道無巳而

次韻樊祖安秀才連理木

清獻文集　集之一

伊川擊壤集二十卷

明末刻本

DC0710一函六册

宋邵雍撰。

邵雍(1011—1077),字堯夫,自號安樂先生,祖籍江北范陽,後遷河南輝縣,隱居於蘇門山百源之上。諡康節。

書高29.1釐米,寬17.8釐米。版框高20.8釐米,寬14.8釐米。每半葉十行,行二十字。白口,四周雙邊。版心中部記"擊壤集"及卷次,下記葉次。

卷一首葉第一行題"伊川擊壤集卷一",第二行題"伊川邵雍堯夫",第三行起正文。

書首有宋治平丙午邵雍"伊川擊壤集序","伊川擊壤集目録"。

伊川擊壤集卷一

伊川邵雍　堯夫

觀棋大吟

人有精游藝于棊觀棊
好勝心無已爭先意不低當人盡實主對面如蠻夷
財利激于衷喜怒見于顋生殺在于手與奪指于頤
戾不殊冰炭和不侔塤箎義不及朋友情不通夫妻
珠玉出懷袖龍蛇走肝脾金湯起蹲俎劍戟交幟幟
白譜役鬼神平地蟠蛟螭空江響雷電陸海誅鯨鯢
寒暑同舒慘昏明共蔽虧山河璨輿地星斗會璇璣

司馬文正公傳家集八十卷附錄一卷年譜一卷目録二卷

清乾隆六年（1741）培遠堂陳氏刻本

DC0210四函三十二册

宋司馬光著。

書高26.9釐米，寬17.4釐米。版框高19.3釐米，寬14釐米。每半葉十一行，行二十一字。上下黑口，單黑魚尾，左右雙邊。上魚尾下記"傳家集"及卷次、篇目，又下記葉次。内封鐫"乾隆六年重校刊/司馬文正公傳家集/年譜輯附培遠堂藏板"。

卷一首葉第一行題"司馬文正公傳家集卷第一"，第二行題"後學桂林陳弘謀重訂"，第三行起正文。

書首有乾隆六年陳弘謀序，陳弘謀奏摺，劉隨"司馬文正公傳家集原序"。

書中鈐"大倉文化財團藏書"朱印。

司馬文正公傳家集卷第一

後學桂林陳弘謀重訂

古賦

交趾獻奇獸賦 嘉祐三年八月二十七日上

皇帝御天下三十有六載化洽於人德通於神邇無不
協遠無不臻粵有交趾來獻麒麟其為狀也熊頸而鳥
喙豼首而牛身犀則無角象而有鱗其力甚武其心則
馴蓋逾方異氣之產故圖諜靡得而詢於是降輜車之
使發旁縣之民除塗於林嶺之隥引舟於江淮之濱曠
時月而涉萬里然後得入覲于中宸與夫雕題卉服之
士南金象齒之珍欵紫闥而塋入充形庭而並陳於是

公是集五十四卷

清乾隆四十六年（1781）武英殿聚珍本

DC0209八冊

宋劉敞撰。

劉敞（1019—1068），字原父，世稱"公是先生"，臨江新喻人。官至集賢院學士。

書高27.9釐米，寬16.5釐米。版框高19.3釐米，寬12.5釐米。每半葉九行，行二十一字，小字雙行，字數同。白口，單黑魚尾，四周雙邊。魚尾上方記"公是集"，下方記卷次及葉次，版心下背面記校者姓名。

卷一首葉第一行題"公是集卷一"，第二行題"宋劉敞撰"，第三行起正文。

書首有乾隆甲午年"御製題武英殿聚珍版十韻有序"，"公是集目錄"，目錄後有乾隆四十六年紀昀等校上案語，劉敞"公是集原序"。

書衣書籤墨題"公是集"。書中鈐"大倉文化財團藏書"朱印。

公是集卷一

宋　劉　敞　撰

賦

秦昭和鐘賦 并序

秘閣有秦昭和鐘形制絕異其始得之幽雍之
間其銘首曰不顯朕皇祖十有二公云云其藏
于冊府久矣予因爲之賦　直集賢院作
闊故府之藏器歷先秦之遺蹤裒三代之逾遠美昭和
之寶鑑何形制之瑰譎駭觀聽之鮮同上盤拏而天矯

南豐先生元豐類藁五十卷續附録一卷

明成化南豐縣刻遞修本

DC0211一函八册

宋曾鞏撰。

曾鞏（1019—1083），子固，建昌南豐人。嘉祐二年進士，官至中書舍人。

書高27.9釐米，寬15.9釐米。框高21.5釐米，寬13.6釐米。每半葉十一行，行二十一字。上下大黑口，單黑魚尾或雙黑魚尾，四周雙邊或左右雙邊。上魚尾下記“南豐文集”及卷次，下記葉次，或下魚尾下方記葉次。

卷一首葉第一行題“南豐先生元豐類藁卷第一”，第二行起正文。

書首有宋元豐八年王震“南豐先生文集序”，羅倫敘，少師文定公南豐先生遺像，像贊，“南豐先生年譜序”，“南豐先生年譜後序”，“續元豐類稿序說”，“南豐類藁目録”。書末有大德丁思敬“元豐類藁後序”。

書根墨題“元豐類稿”。書中鈐“左文氏”、“東孫”、“臣賓”、“大倉文化財團藏書”朱印。

南豐先生元豐類藁卷第一

古詩

冬望

霜餘荊吳倚天山鐵色萬仞光鉌開麻姑寂秀挿東經
一峯挺立高兀兀我生智出豪後下遠跡久北安蒿萊
譬如驛騮踏天路六轡崑崙議枚駑駘巔崖初冬米氷雪
蘚花入履思莫裁長松夾樹盍十里蒼顏毅氣不可迴
浮雲柳絮誰汝凝欲往自尼誠愚教南窗聖賢有遺文
滿簡字字傾琪瑰吾搜遠採得尸癰入見奧作何雄魁
日令我意失枯稿水之潤養源来千年大說沒荒兀
義路寸土誰能墻嗌千計真不自料欲挽白日之西頹

華陽集四十卷

清乾隆四十六年（1781）武英殿聚珍本
DC0240二函十册

宋王珪撰。

王珪（1019—1085），字禹玉，祁縣人。慶曆二年進士，官至侍中，賜紫金光祿大夫爵位，封歧國公。

書高26.9釐米，寬16.4釐米。版框高19.5釐米，寬12.5釐米。每半葉九行，行二十一字，小字雙行，字數同。白口，單黑魚尾，四周雙邊。魚尾上方記"華陽集"，下方記卷次，又下方記葉次。版心下背面記校者姓名。目錄題名下印"武英殿聚珍版"。

卷一首葉第一行題"華陽集卷一"，第二行題"宋王珪撰"，第三行起正文。

書首有乾隆甲午仲夏"御製題武英殿聚珍版十韻"，"華陽集目錄"，目錄後有乾隆四十六年紀昀等校上等案語。

函套書籤、書衣書籤墨題"華陽集"。書中鈐"大倉文化財團藏書"朱印。

華陽集卷一

宋　王珪　撰

樂章

皇帝冬至御大慶殿舉第一盞酒奏慶雲之曲

乾坤順夷皇有嘉德爰施慶雲承日五色輪囷下垂萬

物皆飾維天祚休長被無極

皇帝冬至御大慶殿舉第二盞酒奏嘉禾之曲

太平之符昭發衆瑞爰有嘉禾異隴合穗大田如雲旣

穫旣刈野人愉愉不亦有歲

華陽集

卷一

二

臨川先生文集一百卷目録二卷

明嘉靖三十九年（1560）刻本

DC0711二函十册

　　宋王安石撰。

　　王安石（1021—1086），字介甫，號半山，北宋臨川人。慶曆二年進士，官至參知政事，封荆國公。卒諡文。

　　書高28.3釐米，寬16.9釐米。版框高19.9釐米，寬16釐米。每半葉十二行，行二十字。白口，單黑魚尾，左右雙邊。版心魚尾下記 “臨川集” 及卷次，版心下方記葉次。

　　卷一首葉第一行題 “臨川先生文集卷第一”，第二行起正文。

　　書首有嘉靖三十九年王宗沐 “臨川文集序”，紹興十年黃次山 “紹興重刊臨川文集敘”。

　　卷一百第九至十一葉鈔配。

　　書根墨題 “明刻王臨川集” 及册次。書中鈐 “鄂中周氏寶藏”、“貞亮私印”、“晚喜廬”、“大倉文化財團藏書” 朱印。

臨川先生文集卷第一

古詩

王臨川全集一百卷目録二卷

清光緒癸未（九年，1883）繆氏小峚山館刻本
DC0712二函二十册

　　宋王安石撰。

　　書高28.5釐米，寬19.1釐米。版框高18.3釐米，寬13釐米。每半葉十一行，行二十二字。上下黑口，雙黑魚尾，左右雙邊。上魚尾下方記"王臨川全集"及卷次，下魚尾上方記葉次。内封鐫"王臨川全集"，内封背面有牌記"光緒癸未孟春溧陽/繆氏小峚山館刊藏"。

　　卷一首葉第一行題"王臨川全集卷一"，第二行起正文。

　　書首有紹興十年黃次山"紹興重刊臨川文集叙"，吳澄"臨川王文公集序"，嘉靖丙午應雲鷺"臨川文集序"，嘉靖丙午陳九川"臨川文集後叙"，嘉靖三十九年王宗沐"臨川文集序"，托克托"宋史本傳"。

　　書中鈐"讀書養氣"、"大倉文化財團藏書"朱印。

王臨川全集卷一

古詩

元豐行示德逢

四山翛翛映赤日田背坼如龜兆出湖陰先生坐草室看
踏溝車望秋實雷電鞭雲滔滔夜半載雨輸亭皐旱禾
秀發埋牛尻豆死更蘇肥葵毛倒持龍骨挂屋敖買酒澆
客追前勞三年五穀賤如水今見西成復如此元豐聖人
與天通千秋萬歲與此同先生在野故不窮擊壤至老歌

元豐

後元豐行

歌元豐十日五日一雨風麥行千里不見土連山沒雲皆

王荊文公詩五十卷補遺一卷

清乾隆辛酉（六年，1741）武原張宗松清綺齋刻本
DC0212二函十二册

宋王安石撰，宋李壁箋註。

李壁（1157—1222），字季章，號石林，又號雁湖居士，四川眉山人。累官禮部尚書、參知政事、同知樞密院事、端明殿學士、賜資政殿學士。諡文懿。

書高27.2釐米，寬17.7釐米。版框高18.7釐米，寬14.3釐米。每半葉十一行，行二十一字，小字雙行，行三十一字。上下細黑口，單黑魚尾，左右雙邊。上魚尾下記 "王詩" 及卷次，又下記葉次。内封鐫 "宋李雁湖先生原本/王荊公詩注/清綺齋藏板"，鈐 "清綺齋" 印記。各卷卷末鐫 "武原張宗松青在校刊"。

卷一首葉第一行題 "王荊文公詩卷之一"，第二行題 "雁湖李壁箋註"，第三行起正文。

書首有嘉定七年魏了翁序，乾隆丙申張載華識語，乾隆乙未張燕昌識語，乾隆辛酉張宗松識語，張宗松纂 "重刊王荊公詩箋註畧例"，宋史本傳，"王荊文公詩目録"。

書中鈐 "大倉文化財團藏書" 朱印。

王荆文公詩卷之一

古詩

鴈湖 李壁 箋註

元豐行示德逢

德逢姓楊與公隣曲○按王直方雜記德逢號湖陰先生丹陽陳輔浙西佳士也每歲率以為常元豐辛酉癸亥頻歲訪之不遇題一絶於門云北山松粉未飄花白下風輕麥腳斜身似舊時王謝燕一年一度到君家湖陰歸見其詩吟賞久之曾稱於舒王聞之笑曰此正戲君為尋常百姓耳湖陰亦大笑

金陵上塚事畢則至蔣山過湖陰先生之居清談終日歲率以為常

四山儵儵映赤日田背坼如龜兆出 詩予尾儵儵此借用○湖退之詩或如龜坼兆

陰先生坐草室看踏溝車望秋實 雷蟠電掣雲滔滔夜

半載雨輸亭皋早禾秀發埋牛尻 子虚賦云亭皋千里師古曰為亭候於皋隰之地○埋牛尻言

久旱得雨禾皆怒長 其高可没牛尻也

豆死更蘇肥莢毛倒持龍骨掛屋敖 月令孟夏之月

又一部

DC0713一函六册

書高25.7釐米，寬17.1釐米。版框高18.9釐米，寬14.3釐米。

書中鈐"娜嬛妙境"、"大倉文化財團藏書"朱印。

王荆文公詩卷之一

鴈湖　李壁　箋註

古詩

元豐行示德逢　德逢姓楊與公隣曲○按王百家注此德逢號藏清明起　湖陰先生丹陽陳輔浙西佳士

金陵上塚事畢則至蔣山過湖陰先生之居清談終日歲率以爲
常元豐辛酉癸亥頻歲訪之不遇題一絕於門云北山松粉未飄
花白下風輕麥脚斜身似舊時王謝燕一年一度到君家湖陰歸
見其詩吟賞久之曾稱於舒王聞之笑曰此正戲君爲尋常百姓
耳湖陰
亦大笑

四山爾爾映赤日田背圻如龜兆出　詩予尾爾爾此借用○　退之詩或如龜圻兆　湖
陰先生坐草室看踏溝車望秋實蟠電掣雲滔滔夜　子虛賦云宜亭皐千里師古曰爲亭候於皐隰之地○埋牛尻言
半載雨輸亭皐旱禾秀發埋牛尻　月令孟
久旱得雨禾皆怒長其高可沒牛尻也　豆死更蘇肥荚毛倒持龍骨掛屋敖　夏之月

彭城集四十卷

清乾隆四十七年（1782）武英殿聚珍本
DC0213二函八册

宋劉攽撰。

劉攽（1022—1088），北宋史學家，字貢父，號公非，臨江新喻人。與兄敞同登慶曆六年進士第，官至中書舍人。

書高21釐米，寬16.5釐米。版框高19.2釐米，寬12.8釐米。每半葉九行，行二十一字，小字雙行，字數同。白口，單黑魚尾，四周雙邊。魚尾上方記"彭城集"，魚尾下記卷次及葉次，版心下背面記校書人姓名。目録題名下印"武英殿聚珍版"。

卷一首葉第一行題"彭城集卷一"，第二行題"宋劉攽撰"，第三行起正文。

書首有乾隆甲午"御製題武英殿聚珍版十韻有序"，"彭城集目録"，目録後有乾隆四十七年紀昀等校上案語。

書中鈐"大倉文化財團藏書"朱印。

彭城集卷一

　　　宋　劉攽　撰

賦

鴻慶宮三聖殿賦并序　案此賦見宋文與永樂大典原本互有差訛今校改

臣伏見陛下追述祖考崇奉川祀新作三聖殿
以昭孝明功于天下臣以文學忝第太常試官
祕書目觀盛事不敢以鄙薄自絀輒作古賦一
篇以歌詠盛德昔靈光景福之作世稱其美麗
然其所謂狀大不世雕刻畫繢文彩之煌煌而

祠部集三十五卷

清乾隆武英殿聚珍本

DC0214—夾板八册

宋强至撰。

强至（1022—1076），字幾聖，錢塘人。慶曆六年進士，官至三司户部判官、尚書祠部郎中。

書高28.3釐米，寬17.4釐米。版框高19.1釐米，寬12.5釐米。每半葉九行，行二十一字，小字雙行，字數同。白口，單黑魚尾，四周雙邊。魚尾上方記“祠部集”，魚尾下記卷次及葉次。提要首葉第一行下方印“武英殿聚珍版”。

卷一首葉第一行題“祠部集卷一”，第二行題“宋强至撰”，第三行起正文。

書首有乾隆甲午“御製題武英殿聚珍版十韻有序”，“祠部集提要”，元豐三年曾鞏“祠部集原序”，“祠部集目録”。

祠部集提要末有同治五年徐時棟題記，鈐“柳泉”朱印。書中鈐“甬上”、“菊農”、“臣士璨印”、“柳泉書畫”，“大倉文化財團藏書”朱印。

祠部集卷一

宋　强至　撰

五言古詩

次劉才邵送魏彥成韻

國朝廣仁恩法令去煩苛三官貴持平除川不輕可矯
矯魏詳刑儒術富而鑿餘事及刑書議論不偏頗能令
舞文吏無計得掀籤計其所平反陰功已堆垛神方介
以福豐薅報勤播當卽趨要塗鳴玉悽以儺誰云出處
間此事難預揣秋風鄉思動請郡向江左猶冀款襟顏

祠部集

卷一

都官集十四卷

清道光鈔本

DC0215一函二册

宋陳舜俞撰。

陳舜俞（1026—1076），字令舉，號白牛居士，烏程人。宋慶曆四年進士，曾任屯田員外郎。

書高26.6釐米，寬17.1釐米。無行欄。每半葉八行，行二十一字，小字雙行，字數同。版心上方記"都官集"，版心中部記卷次，版心下方記葉次。避"曆"、"寧"等字。

卷一首葉第一行題"都官集卷一"，第二行題"宋陳舜俞撰"，第三行起正文。

書首有蔣之奇"原序"，慶元六年樓鑰序，慶元六年陳杞原跋，"都官集目録"。

書中鈐"翰林院印"（滿漢文）、"大倉文化財團藏書"朱印。

都官集卷一

策

　太平有為策

臣恭以江湖畎畝以不忘國家之義為忠睿王哲后以
不廢芻蕘之為聖使上聖有日月之明下忠懷金石之
固而以能相遇於一時曼乎千載謂之難得臣尝竊自
賀讀書學古有知於世而生隆下聖神炭諫弗咈得不

宋　陳舜俞　撰

都官集

卷一

一

淨德集三十八卷

清乾隆四十二年（1777）武英殿聚珍本

DC0217一函六冊

宋呂陶撰。

呂陶（1028—1104），字元鈞，眉州彭山人。仁宗皇祐年間進士，任太原府判官。

書高26.9釐米，寬16.5釐米。版框高19.3釐米，寬12.7釐米。每半葉九行，行二十一字，小字雙行，字數同。白口，單黑魚尾，四周雙邊。魚尾上方記"淨德集"，魚尾下記卷次及葉次，版心下方背面記校者姓名。

卷一首葉第一行題"淨德集卷一"，第二行題"宋呂陶撰"，第三行起正文。

書首有馬騏"原序"，目錄，目錄後有乾隆四十二年陸錫熊等校上案語。

目錄第一至三葉鈔補。

書中鈐"揚州阮氏琅嬛僊館藏書印"、"文選樓"、"大倉文化財團藏書"朱印。

淨德集卷一

宋 呂陶 撰

奏狀

奏乞放免寬剩役錢狀 年二月十日

臣伏以朝廷欲寬力役立法召募使民均出僱錢雇人
應役郎無過斂民財之意有司奉法惟恐不能足用遂
于一年合支役錢數外增添科出謂之寬剩蓋欲準備
修葺橋道廨舍并買置什物之類官中逐年支用雖少
民間兩科所出甚多自熙寧六年施行役法以來至今

忠肅集二十卷

清乾隆四十六年（1781）武英殿聚珍本
DC0218四册

宋劉摯撰。

劉摯（1030—1098），字莘老，永靜東光人。宋嘉祐四年中進士，官至尚書右僕射兼中書侍郎。

書高27.7釐米，寬17.1釐米。版框高19.3釐米，寬12.8釐米。每半葉九行，行二十一字。白口，單黑魚尾，四周雙邊。魚尾上方記"忠肅集"，魚尾下記卷次及葉次，版心下背面記校書人姓名。目錄首葉題名下印"武英殿聚珍版"。

卷一首葉第一行題"忠肅集卷一"，第二行題"宋劉摯撰"，第三行起正文。

書首有"御題劉摯忠肅集六韻"，忠肅集目錄"，目錄後有乾隆四十六年紀昀等校上案語，劉安世原序。

書首劉安世序後有同治五年時棟題記，鈐"柳泉"朱印。書中鈐"城西草堂"、"甬上"、"柳泉書畫"、"大倉文化財團藏書"朱印。

忠肅集卷第十一

宋　劉　摯　撰

制敕

元祐三年御試進士制策

朕肇膺駿命涉道寡昧懼無以奉承太母之慈訓而彰

先帝之休德夙夜以思樂得天下之忠言嘉謀庶以濟

兹今于大夫舉至在廷朕甚嘉之蓋聞天之災祥以類

而至古之善言天者能推斯變以應斯事若合符節歟

自去冬大雨雪至于春二月不止人大失職廣罹凍飢

無爲集十五卷

清鈔本

DC0221二册

宋楊傑撰。

楊傑（約1031—1100），字次公，又號無爲子，無爲軍人。嘉祐四年進士，官至禮部員外郎。

書高28釐米，寬17.8釐米。每半葉九行，行二十字。"寧"字或避或不避。

卷一首葉第一行題"無爲集卷之一"，第二行起正文。

書首有紹興癸亥趙士粲"無爲集序"，"無爲集目録"。

有朱筆校，書末有朱筆題"癸未重陽後五日燈下校畢"。

書中鈐"李禮南藏書印"、"璋煜校正"、"大倉文化財團藏書"朱印。

無爲集卷之一

古律賦

歸來堂賦

碧虛子陳景元字泰初入道爲右街錄賜號真靖主
太乙宮屢請歸廬山朝廷不從大丞相舒公因真靖
自言而題之云身官有吏責觸事遇嫌猜野性難堪
此廬山歸去來無爲子楊傑葢碧虛子之友也聞而
歎曰昔靖節先生賦歸去來以歸廬山之陽且八百

青山集六卷

明鈔本
DC0226二册

宋郭祥正撰。

郭祥正（1035—1113），字功父，一作功甫，自號謝公山人、醉引居士、淨空居士、漳南浪士等，當塗人。皇祐五年進士，歷官秘書閣校理、太子中舍、汀州通判、朝請大夫等。

書高25.7釐米，寬17.1釐米。每半葉九行，行十八字。卷一第四至十葉版心上方記"青山集"，中記"卷一"，下方記葉次，又下方記"小草齋鈔本"。

卷一首葉第一行題"青山集卷一"，第二行題"當塗郭祥正字功父"，第三行起正文。

書中鈐"李之郇印"、"潔身"、"曹溶私印"、"安樂堂藏書記"、"明善堂覽書畫印記"、"宣城李氏瞿硎石室圖書印記"、"宛陵李之郇藏書印"、"大倉文化財團藏書"朱印。

青山集卷六

當塗郭祥正字功父

招蔣潁叔遊丁山彰教寺

閑心樂名山　景象恣吟剽
昭尊西南偶　亂峯最青峭
盤盤得脩徑　豁豁漸明眺
一讀道傍碑　古興資雅要
知有金傴家　卻徃不俟召
平田轉回塘　飛瓦接危嶠
東邊卧石虎　徐王舊墳兆
但驚苔蘚晦　不見金碧耀
圖形年殘缺　冷榻孤燈照
深簀歸鳥沒　空巖雪風叫
勅書刊翠琰　靈迹護深簀

東坡先生徃還尺牘二十卷

明刻本

DC0219一函四册

宋蘇軾撰。

蘇軾（1037—1101），字子瞻，又字和仲，號東坡居士，眉州眉山人。宋嘉祐進士，官至禮部尚書。

書高27.7釐米，寬16.6釐米。版框高20.2釐米，寬12.9釐米。每半葉十二行，行二十四字。上下大黑口，三黑魚尾，四周雙邊。上、中魚尾間記"東坡尺牘"及卷次，中、下魚尾間記字數。

卷一首葉第一行題"東坡先生徃還尺牘卷第一"，第二行起正文。

書中鈐"渭北春天樹江頭日莫雲何時一樽酒相與共綸文"、"騰蛟從鳳"、"琴川山水□□人家"、"味劍"、"大倉文化財團藏書"朱印。

案語：上海圖書館藏此書元刻孤本，存卷一至卷十與張君予（此本作子）五通止。

東坡先生往還尺牘卷第一

司馬溫公　　范蜀公　　蘇子容

曾子宣　　劉仲馮　　范純父

與司馬溫公　劉貢父

正荆公

其頓首春末景仁丈自洛還伏辱教賜副以超然雄篇喜作累
刻尋以出京無暇比到官隨分紛沉久稽裁謝悚作無已某強
顏苟祿忝竊中所愧於左右者多矣未得瞻奉惟冀為國自重
不宣

其啓超然之作不惟不肖託附以為寵遂使東方陋州以為不
朽之羨事然所以奬子則過矣父不見公新文忽領獨樂園記
誦味不已輒不揆作一詩聊發笑爾彭城佳山水魚蟹侔江淮
盍戒晨少聊可藏拙但朋遊闊遠舍弟非久赴任益孑寂也

東坡先生詩集三十二卷年譜一卷

日本刻本

DC0715三十册

宋蘇軾著,宋王十朋纂集,明陳仁錫評閲。

書高27.9釐米,寬19.5釐米。版框高20.7釐米,寬14.7釐米。每半葉十行,行二十字,小字雙行,字數同。白口,單黑魚尾,四周單邊。版心魚尾上記"東坡詩集",魚尾下記卷次、類目,版心下記葉次。内封刻"陳明卿太史評/蘇東坡全集/潛確居藏版/如翻刻必治本衙藏版"。

卷一首葉第一行題"東坡先生詩集卷之一",第二行題"宋眉山蘇軾子瞻著",第三行題"宋永嘉王十朋龜齡纂集",第四行題"明長洲陳仁錫卿評閲",第五行起正文。

書首有脱脱"宋史蘇文忠公傳",蘇轍"東坡墓誌銘",王十朋纂集"註詩姓氏",紹興三十二年"宋贈蘇文忠公太師敕命","東坡先生詩集總目"。

書中鈐"日知館圖書"、"大倉文化財團藏書"朱印。

東坡先生詩集卷之一

紀行

宋眉山蘇　軾子瞻　著

宋永嘉王十朋龜齡纂集

明長洲陳仁錫明卿評閱

壬寅二月有詔令郡吏分往屬縣減決囚禁因
十三日受命出府至寶雞虢郿盩厔四縣既畢
事因朝謁太平宮而宿于南谿谿堂遂並南山
而西至樓觀大秦寺延生觀仙游潭十九日乃
歸作詩五百言以記凡所經歷者寄子由

東坡集十六卷

明萬曆二十八年（1600）刻本

DC0716一函十册

宋蘇軾撰，明李贄編。

李贄（1527—1602），字宏甫，號卓吾，福建泉州府人。嘉靖三十一年舉人，官至雲南姚安知府。

書高27.5釐米，寬17.5釐米。版框高23.2釐米，寬15.1釐米。每半葉九行，行二十字。白口，單黑魚尾，四周單邊。魚尾下記卷次，又下記葉次。

卷一首葉第一行題"東坡集卷一"，第二行起正文。

書首有萬曆庚子焦竑"刻東坡集抄引"，"坡仙集總目"。

第一册襯葉有芳文題字，鈐"芳文"、"子言"朱印。第二册襯葉有田翼題詩，鈐"田翼"、"子鳳"、"松竹友"朱印。第三册襯葉有邊瑛繪，鈐"玄□"。第四册襯葉有豐幹題字，鈐"豐幹印信"、"旁礴萬物"、"游於藝"朱印。第五册襯葉有文化乙丑成綏題記，鈐"成綏之印"、"子章"、"與古為徒"朱印。第六册襯葉有東龜題記，鈐"清風朗月"朱印。第七册襯葉有籐本廉題記，鈐"廉印"、"子显"朱印。第八册襯葉有荻萬世題字，鈐"荻萬世印"、"字休卿"、"虔然"朱印。第九册襯葉有井潜題字，鈐"井潜之印"、"四明樵叟"朱印。第十册襯葉有田穀繪，鈐"内田穀"朱印。

書中鈐"焦園圖書之記"、"大倉文化財團藏書"朱印。

東坡集卷一

詩

息壤詩 并序

淮南子曰鯀堙洪水盜帝之息壤帝使祝融
殺之於羽淵今荆州南門外有狀若屋宇陷
入地中而猶見其脊者亥有石記云不可犯
畚鍤所及輙復如故又頗以致雷雨歲大旱
屢發有應予感之乃為作詩其詞曰
帝息此壤以藩幽臺有神司之隨取而培帝勅下民

施註蘇詩四十二卷年譜一卷總目二卷續補遺二卷

清康熙己卯(三十八年,1699)商丘宋氏刻本

DC0714四函二十册

　　宋蘇軾撰,宋施元之註,清邵長蘅等删補。

　　施元之,字德初,吳興人。紹興二十四年進士,官衢州刺史。

　　書高26.2釐米,寬17.7釐米。版框高19.2釐米,寬14.4釐米。每半葉十行,行二十一字,小字雙行,行三十一字。上下粗黑口,單黑魚尾,四周單邊。魚尾下方記"施註蘇詩"及卷次,版心下方記葉次。内封刻"施註蘇詩"。

　　卷一首葉第一行題"施蘇詩卷之一",第二至四行空一格題"漫堂先生宋犖/樸園先生張榕端閲定",下空一格題"長洲顧嗣立/毗陵邵長蘅/商丘宋至删補",第五行起正文。

　　書首有康熙己卯宋犖序,康熙庚辰張榕端序,康熙己卯邵長蘅"題舊本施註蘇詩","註蘇姓氏",邵長蘅"註蘇例言十二則","王註正譌","東波先生笠屐圖"及康熙己卯宋犖題記,"宋孝宗贈蘇文忠公太師敕",乾道九年"宋孝宗御製文忠蘇軾文集贊并序","宋史本傳",蘇轍"東坡先生墓誌銘"。

施註蘇詩卷之一

漫堂先生宋　　犖　　閱定　　　　長洲顧嗣立

樸園先生張榕端　　　　　　　　毗陵邵長蘅　刪補

　　　　　　　　　　　　　　　　商丘宋　至

詩四十七首　起嘉祐辛丑十二月赴鳳翔任盡
　　　　　　壬寅在鳳翔作　施註缺今補

辛丑十一月十九日旣與子由別於鄭州西門
之外馬上賦詩一篇寄之

不飲胡爲醉兀兀此心已逐歸鞍發歸人猶自念庭闈
今我何以慰寂寞登高回首坡壠隔惟見烏帽出復沒
苦寒念爾衣裘薄獨騎瘦馬踏殘月路人行歌居人樂

欒城集五十卷後集二十四卷第三集十卷應詔集十二卷

明末清夢軒刻本
DC0220二函十四册

宋蘇轍著。

蘇轍（1039—1112），字子由，自號潁濱遺老，眉州眉山人。嘉祐二年與兄蘇軾同登進士科，官至尚書右丞、門下侍郎。諡文定。

書高28釐米，寬17.7釐米。版框高21.6釐米，寬15.1釐米。每半葉十行，行二十字，小字雙行，字數同。白口，單黑魚尾，左右雙邊。魚尾上方記"欒城集"，魚尾下記卷次及葉次，版心下方記刻工及字數。三集目錄卷尾題名下鎸"清夢軒藏板"。《欒城集》卷端版框外右下鈐"二錢六分"朱記。

《欒城集》卷一首葉第一行題"欒城集卷之一"，第二、三行題"宋西蜀蘇轍子由著"，下空一格題"明東吳王執禮子敬/顧天敘禮初仝校"，第四行起正文。

《欒城集》書首有"蘇文定公本傳"，"蘇文定公諡議"，"欒城集目錄"；《欒城集》、《應詔集》書末均有"欒城集跋語"。

《應詔集》十二卷二册配同版印本。

書中鈐"許焞收藏"、"个是醇夫手種田"、"大倉文化財團藏書"朱印。

欒城集卷之一

宋西蜀蘇轍子由著　明東吳王執禮子敬校
顧天叙禮初　仝校

詩五十二首

郭綸

郭綸本河西弓箭手屢戰有功不賞自黎
州都監官滿貧不能歸權嘉州監稅

郭綸本蕃種騎鬪雄西戎流落初無罪因循遂龍鍾
嘉州已經歲見我涕無窮自言將家子少小學彎弓
長遇西鄙亂走馬救邊烽手挑丈八矛所往如投空
平生事苦戰數與大寇逢昔在定川寨賊來如蟻峰
萬騎擁酋帥自謂白相公揮兵取其元糢糊腥血紅

欒城集　卷一　一　錫山施世名

太史范公文集五十五卷

清鈔本

DC0222二函十二册

范祖禹撰。

范祖禹(1041—1098),字淳甫,一字夢得,成都華陽人。嘉祐八年進士,官給事中。

書高27釐米,寬17.2釐米。每半葉十二行,行二十字。版心上方記"范太史文集"及卷次,下記葉次。

卷一首葉第一行題"太史范公文集卷第一",第二行起正文。

書首有"太史范公文集目録"。

書中鈐"教經堂錢氏章"、"篤生經眼"、"翰林院印"(滿漢文)、"海陵錢犀盦校藏書籍"、"媿敦齋"、"大倉文化財團藏書"朱印。

太史范公文集卷第一

詩

樂通神明 御試

世治興和樂陽来符正聲純能格天地幽可逮神明
協氣流無外靈心識太平九歌人思享八變地祇迎
翁縱多祥集欣歡萬祉生頌知勳德大聖作掩英莖

春鮪初登 錫慶院試

風煦陽和候冰消水澤春秉舟施密罟登鮪薦明神
大墅翻紅鱗長波失錦鱗味恭薦實美盖與澗毛新
事異觀棠日時非濫泗辰猗猷潛有頌率職自歔人

遊先主祠堂置酒

驅車出郊坰涉溪上青岑峯頭野寺不足到先主祠

龍雲先生文集三十二卷附録一卷

清鈔本

DC0223八册

宋劉弇撰。

劉弇（1048—1102），字偉明，號雲龍，安福人。元豐進士，官至著作佐郎、實録檢討官。

書高27.3釐米，寬17.3釐米。每半葉十行，行十九字，小字雙行，字數同。書口上方記"龍雲集"，中部記卷次，下方記葉次。

卷一首葉第一行題"龍雲先生文集卷第一"，第二行題"安成劉弇偉明"，第三行正文。

書首有弘治乙丑劉璋"龍雲先生文集序"，周必大"龍雲先生文集序"。書末有紹興四年羅良弼"跋龍雲先生文集後"。

書中鈐"洒桐齋書畫記"、"大倉文化財團藏書"朱印。

龍雲先生文集卷第一

安成劉弇偉明

古律賦

進元符南郊大禮賦表

臣弇言臣疲賤坎壈生亡益縣官紹聖中有司第

臣宏辭程文入等奏御蒙

陛下誤恩擢太學

博士厥績弗底祿尸食浮今者歲一再見矣平居

訓講之暇不敢自齒于祿之則間驗意翰墨因得

窺意古人所以班乀概見而不可厚誣如三都二

京客卿烏有之比者窃嘗謂詞人文士之作雖取

龍雲集　　卷一

淮海集四十卷後集六卷長短句三卷

明嘉靖己亥〔十八年, 1539〕刻本

DC0224六册

宋秦觀撰。

秦觀（1049—1100）, 字少游, 又字太虛, 號邗溝居士, 世稱"淮海先生", 漢族, 北宋高郵人。官至太學博士, 國史館編修。

書高26.3釐米, 寬17.3釐米。版框高17.4釐米, 寬13.1釐米。每半葉十二行, 行二十一字, 小字雙行, 字數同。白口, 雙白魚尾, 四周單邊。魚尾上方記"淮海集", 魚尾間記卷次及葉次, 版心下方偶記刻工名。

卷一首葉第一行題"淮海集卷第一", 第二行題"秦觀少游", 第三行起正文。

書首有嘉靖己亥張綖"秦少游先生淮海集序", 宋史本傳, "淮海集目録"。後集卷末列謄寫吏刊工名。長短句卷末有嘉靖己亥張綖識語。

書中鈐"大倉文化財團藏書"朱印。

淮海集卷第一

秦觀　少游

浮山堰賦　并引

梁武帝天監十三年用魏降人王足計欲以淮水灌壽
陽乃假太子右衞康絢節督卒二十萬作浮山堰扵鍾
離而淮流湍駛漂疾將合復潰或曰淮有蛟龍喜乗風
雨壞岸其性惡鐵絢以為然乃引東西冶鐵罷數千萬
斤益以新石沉之猶蹢年乃合堰袤九里水逓淮而上
所蒙被甚廣魏人患之果徙壽陽成頓八公山餘民分
就岡壠未幾淮暴漲堰壞奔于海有聲如雷水之怪祅
藏流而下死者數十萬人初鎮星犯天江而堰實退舍
而壞嗚呼異哉感而作浮山堰賦興其詞曰

後山先生集三十卷

明弘治十二年（1499）馬暾刻本
DC0227一函八册

宋陳師道著，宋陳仁子編校。

陳師道（1053—1102），字履常，一字無己，號後山居士，彭城人。歷仕太學博士、潁州教授、秘書省正字。陳仁子，字同俌，號古迂，茶陵人。咸淳十年漕試第一，宋亡不仕。

書高26.9釐米，寬17.5釐米。版框高20.4釐米，寬14.3釐米。每半葉十一行，行二十字，小字雙行，字數同。上下大黑口，雙黑魚尾，四周雙邊。上魚尾下方記"後山集"及卷次，下魚尾下方記葉次。

卷一首葉第一行題"後山先生集卷第一"，第二行題"彭城陳師道履常著"，第三行題"茶陵陳仁子同俌編校"，第四行題"後學南陽王鴻儒懋學重校"，第五行題"後學彭城馬暾廷震繡梓"，第六行起正文。

書首有弘治十二年王鴻儒"後山先生集序"，政和五年魏衍"彭城陳先生集記"，集紀後有政和丙申王雲識語，任淵識語，"後山先生集目録"。

書中鈐"大倉文化財團藏書"朱印。

後山先生集卷第一

彭城陳　師道　履常著

茶陵陳　仁子　同脯編校

後學南陽王鴻儒懋學重校

後學彭城　馬曒廷震繡梓

詩

妾薄命二首　後山自注曰
為曾南豐作

主家十二樓一身當三千古來妾薄命事主采盡年
起舞為主壽相送南陽阡忍著主衣裳為人作春妍
有聲當徹天有淚當徹泉死者恐無知妾身長自憐

又

后山詩十二卷

清乾隆四十一年（1776）武英殿聚珍本
DC0228八冊

宋陳師道撰，宋任淵注。

任淵（1090—1164），名子淵，四川新津縣人。

書高29釐米，寬18釐米。版框高19.2釐米，寬12.6釐米。每半葉九行，行二十一字，小字雙行，字數同。白口，單黑魚尾，四周雙邊。魚尾上方記 "后山詩注"，下方記卷次及葉次，版心下方左面記校者姓名。目録題名下印 "武英殿聚珍版"。

卷一首葉第一行題 "后山詩卷一"，第二行題 "宋陳師道撰"，第三行題 "任淵注"，第四行起正文。

書首有 "御製題武英殿聚珍版十韻有序"，政和五年魏衍 "彭城陳先生集記"，集紀後有政和丙申王雲識語，"后山詩注目録"，目録首有任淵識語，末有乾隆四十一年陸錫熊等校上案語。

書中鈐 "嘉惠堂藏閱書"，"四庫著録"，"大倉文化財團藏書" 朱印。

后山詩卷一

宋　陳師道　撰

任淵　注

妾薄命二首　后山自注曰爲曾南豐的豐作○漢書許后傳曰奈何妾薄命端遇竟寧前故

曹植樂府有妾薄命篇

主家十二樓　鮑照煌煌京洛行曰馺娑樓十二重按漢書雖有五城十二樓事與此意不同故不援

引後做此

一身當三千　白樂天詩曰後宮佳麗三千人三千寵愛在一身后山以五字道之語簡

而意盡集中

古來妾薄命事主不嘉年起舞爲主壽相

如此甚衆

送南陽阡里門道昨夜畫堂歌舞人后山蓋用此意莊

言樂未畢而哀繼之也劉禹錫詩向來行哭

后山詩注　卷一　一一

濟北晁先生雞肋集七十卷

明崇禎乙亥(八年,1635)顧氏詩瘦閣刻本

DC0229二十四册

宋晁補之撰。

晁補之(1053—1110),字無咎,號歸來子,濟州巨野人。宋元豐二年進士,試開封及禮部別院皆第一。元祐初,任太學正,著作佐郎,後以秘閣校理通判揚州。

書高26.8釐米,寬17.1釐米。版框高19.1釐米,寬14釐米。每半葉九行,行十九字。白口,無魚尾,左右雙邊。版心上方記"雞肋集",版心中部正面記卷次,背面記葉次,版心下方記"詩瘦閣"。書末鐫"明吳郡顧氏於崇禎乙亥春照宋刻壽梓至中秋工始竣"。

卷一首葉第一行題"濟北晁先生雞肋集卷第一",第二行起正文。

書首有元祐九年撰"濟北晁先生雞肋集序"。

書中鈐"大倉文化財團藏書"朱印。

濟北晁先生雞肋集卷第一

古賦四首

求志賦　釋求志附

幼余不自知蹇兮願求古人而與之游高平邑於

大野兮魯鄒鄙而北鄰固余心其惘款兮求前聖

又不遠豈無鄰莫可與謀兮冶邢氏而俗卜幽離

房誠不忍兮棄此而莫能歲執徐之青陽兮余先

子乎東征橫武林之大江兮雅始寧之南邑路會

稽以周流兮求歷山之所在窅封嵎之世守兮以

雞肋集　卷之一　詩瘦閣

倚松老人詩集二卷

清初鈔本

DC0225一册

宋饒節撰。

饒節（1065—1129），宋代詩僧，字德操，一字次守，自號倚松道人、倚松老人，出家後法名如璧。江西臨川人，江右詩派重要詩人。

書高28.1釐米，寬18.3釐米。每半葉十行，行二十字，小字雙行，字數同。

卷一首葉第一行頂格題"倚松老人詩集卷第一"，下空四格題"江西詩派"，第二行題"饒節德操"，第三行起正文。

各卷卷末鈔"慶元己未校官黃汝嘉重刊"。書末有康熙甲申釋超峻識語。

書首有嘉慶二十年駱光啓墨筆題記。目録首葉粘嘉慶二十年潮甫校記。書中鈐"紅豆山房校正善本"、"硯録山房藏書善本"、"璋煜"、"曾在鮑以文處"、"念冀"、"汪籹"、"遇讀者善"、"知聖道齋藏書"、"南昌彭氏"、"定宇氏"、"惠棟印信"、"大倉文化財團藏書"朱印。

倚松老人詩集卷第一　江西詩派

古詩上　　　　　　　　　饒節德操

李太白畫歌

先生之氣蓋天下當時流輩退百舍醉中咳唾落一

雨珠璣身後聲名滿夷夏青山木拱三百年今晨乃

拜先生畫烏紗之巾白紵袍岸巾攘臂方出遨神遊

八極氣自穩冰壺玉斗霜風高嗚呼先生泰絕倫仙

風道骨語甚真蕭然可望不可親懸知野鶴非雞群

天寶之初天子逸先生醉去不肯屈采石江頭明月

溪堂集十卷

清鮑氏知不足齋鈔本
DC0230三冊與DC0232合一函六冊

清謝逸撰。

謝逸 (1066? —1113)，字無逸，號溪堂，宋代臨川城南人。

書高28.8釐米，寬17.6釐米。版框高19.7釐米，寬13釐米。每半葉九行，行二十一字。白口，左右雙邊。版心上方記 "溪堂集" 及卷次，下方記葉次。

卷一首葉第一行頂格題 "溪堂集卷一"，下空五格題 "傳四庫全書本"，第二行題 "臨川謝逸撰"，第三行起正文。

書首有 "欽定四庫全書提要/溪堂集"。

有朱藍黃墨筆批校。

書中鈐 "歙西長塘鮑氏知不足齋藏書印"、"老屋三間賜書萬卷"、"毗陵董氏誦芬室收藏舊槧精鈔書籍之印"、"董康私印"、"廣川書庫"、"大倉文化財團藏書" 朱印。

案語：與DC0232《謝幼槃文集》、DC0249《毅齋詩集別録》、DC0259《耕閒集》、DC0265《古梅吟稿》合鈔。

溪堂集卷一　　傳四庫全書本

雪後折梅賦　　　　　謝逸　撰

耿夜闌之青燈沉萬籟於岑寂忽竹風之聲林顫舊端
而索匕徐披衣而啟戶飛雪花之如席眺溪上之寒梅
亘千林於一色恐青女之下臨唶王妃之墮謫競孤峭
以相高兩含情而脉匕乃策壺公之杖乃躡阮生之屐
度橫約以跰蹮排寒威而辟易繞琪樹之玲瓏攀瓊柯
之的皪揺蹀影之橫斜漾清溪之寒碧披緒風而香泠

溪堂集卷一　　　　　　　　　　　一

謝幼槃文集十卷

清鮑氏知不足齋鈔本
DC0232三册與DC0230合一函六册

宋謝邁撰。

謝邁(1074—1116),字幼槃,自號竹友居士,撫州臨川人。

書高28.8釐米,寬17.7釐米。版框高19.9釐米,寬13.1釐米。每半葉九行,行二十一字。版心上方記"謝幼槃文集"及卷次,下方記葉次。避"寧"字,不避"淳"字。

卷一首葉第一行題"謝幼槃文集卷第一",第二行起正文。

書首有"欽定四庫全書提要/竹友集","謝幼槃文集目錄",書後有林佶等跋。

書中有朱藍黄墨筆批校。

書中鈐"老去猶貪未得書"、"好書堆案轉甘貧"、"喜借人看"、"歙西長塘鮑氏知不足齋藏書印"、"老屋三間賜書萬卷"、"遺藁藁天留"、"世守陳編之家"、"毗陵董氏誦芬室收藏舊槧精鈔書籍之印"、"董康私印"、"廣川書庫"、"大倉文化財團藏書"朱印。

案語:與DC0230《溪堂集》、DC0249《毅齋詩集別錄》、DC0259《耕閒集》、DC0265《古梅吟稿》合鈔。

謝幼槃文集卷第一

古詩

賦陳盧中振芳堂

青腰按節臨天闕幻成圭壁驚人寰一朝忽起枯槁想
人間冰雪顏國香端擬避清絕鳳車安得窺幽閒
雪中長疑肌起粟挽住直恐乘風還風流別乘似何遜
哦詩興健排江山華堂燒燈呼客醉況引王頰依調闌
廣平題賦工婉媚杜陵索句愁飛翻小人徑欲悟香寂
何當步繞横斜間

謝幼槃文集卷一

莊簡集十八卷

清山陰杜氏知聖教齋鈔本
DC0234一册

宋李光撰。

李光（1078—1159），字泰發，一作字泰定，號轉物老人，越州上虞人。宋崇寧五年進士，官至參知政事。

書高28.9釐米，寬18.6釐米。版框高19釐米，寬14釐米。每半葉十行，行二十一字。細黑口，單黑魚尾，左右雙邊。魚尾下方記“莊簡集”及卷次，又下方記葉次。版心下方記“山陰杜氏鈔本/知聖教齋藏書”。毛邊裝。

卷八首葉第一行題“莊簡集卷八”，第二行題“宋李光撰”。第三行起正文。

存卷八至卷十六。

莊簡集卷八

　奏議

　　乞開言路劄子

臣聞帝王之美莫大於詢謀治安之時尤先於警戒歷
觀前代有為之君雖聰明有餘而切直之言不絕於耳
雖天下大治而幾微之慎不忘於懷恭維皇帝陛下以
睿知寬仁之資膺祖宗積累景隆平之業勞心求治幾三
十年華夏又安天地交泰符瑞之應史不絕書所謂太
平盈成之期實在令日陛下所當憂勤宵旰虛己以聽

宋李光撰

山陰杜氏鈔本

北山小集四十卷

清道光五年（1825）袁氏貞節堂影宋鈔本

DC0235十二册

宋程俱撰。

程俱（1078—1144），字致道，號北山，衢州開化人。官集賢殿修撰、徽猷閣待制，累官至朝議大夫。

書高28.3釐米，寬18.2釐米。版框高19.1釐米，寬14.2釐米。每半葉十行，行二十字。上下細黑口，單黑魚尾，四周雙邊。魚尾下方記 "北山集"，卷次及葉次。版框外左下角印 "貞節堂袁氏鈔本"。

卷一首葉第一行題 "北山小集卷第一"，第二行題 "信安程俱"，第三行起正文。

書首有葉夢得葉夢得撰 "北山小集序"，鄭作肅撰後序，"北山小集目録"。

書末録黃丕烈識語五則，嘉慶丁巳錢大昕題識，有袁廷檮 "道光五年三月仿士禮居黄氏影宋本抄録藏於五硯樓貞節堂" 題識。有董康題記，尾鈐 "願隸承明掌校讎" 朱印。

書根墨題 "影宋鈔北山小集"。書中鈐 "田耕堂藏"、"泰峯"、"毗陵董康鑒藏善本"、"大倉文化財團藏書" 朱印。

北山小集卷第一

信安程　俱

古詩一

雜興十首

一日復一日百年如此耳那將千百計來日何窮已

逝者不可追來者安可知正恐聞道晚勿言功用運

誤點成駁牛妙技有餘賞作意盡蠅足至今猶撫掌

君看人間事類此或往往浩歎可奈何悠然起遐思

中夜忽自省昔我今是非音聲故如昨齒長鬢滿顛

有人夢中言子念無乃癡今猶昔人耳昔人安在茲

浮溪文粹十五卷附録一卷

明嘉靖三十四年（1555）錢芹刻本

DC0236一函四册

宋汪藻撰。

汪藻（1079—1154），字彦章，號浮溪，又號龍溪，饒州德興人。崇寧二年進士，官至顯謨閣大學士、左大中大夫，封新安郡侯。

書高26.6釐米，寬17.3釐米。版框高19.9釐米，寬13.3釐米。每半葉九行，行二十字，小字雙行，字數同。白口，雙黑魚尾，四周單邊。上魚尾上方記 "浮溪文粹"，下方記卷次，下魚尾下方記葉次，版心下方記刻工名。

卷一首葉第一行題 "浮溪文粹卷之一"，第二行起正文。

書首有嘉靖乙卯胡堯臣撰 "重刻浮溪文粹序"，末署 "永州府知府錢芹重刊/同知戴維師校正"，浮溪文粹目録。書末有正德元年馬金後記。

卷九第九葉為鈔配。

書中鈐 "華綺"、"天和"、"大倉文化財團藏書" 朱印。

浮溪文粹卷之一

詔敕

皇太后告天下手書 悲傷痛悼嗚
足感動人心

比以敵國興師都城失守褫纏宮闕鑾二帝之蒙塵

誣及宗祊謂三靈之改卜眾恐中原之無統姑令舊

弼以臨朝雖義形於色而以死為辭然事追於危而

非權莫濟内以拯黔首將亡之命外以紓隣國見逼

之威遂成九廟之安坐免一城之酷乃以豪釐之質

起於閭廬之中迎置宮闈進加位號舉數聖祀還之

浮溪集三十二卷

清乾隆四十六年（1781）武英殿聚珍本

DC0237八册

宋汪藻撰。

書高28.2釐米，寬17.3釐米。版框高19.7釐米，寬12.6釐米。每半葉九行，行二十一字。白口，單黑魚尾，四周雙邊。魚尾上方記"浮溪集"，下方記卷次及葉次，版心下方背面記校者姓名。目錄題名下印"武英殿聚珍版"。

卷一首葉第一行題"浮溪集卷一"，第二行題"宋汪藻撰"，第三行起正文。

書首有乾隆三十九年"御製題武英殿聚珍版十韻有序"，孫覿撰"浮溪集原序"，"浮溪集目錄"，目錄後有乾隆四十六年紀昀等校上案語。

書中鈐"大倉文化財團藏書"朱印。

浮溪集卷一

宋　汪　藻　撰

奏疏

行在越州條具時政

臣竊惟人君當承平之時中原無犬吠之驚人臣以未

見未然之事自下劇上甘心蹈鐵鉞之誅義士猶不以

爲難今國家之危如坐燒屋之下漏船之中陛下宵旰

憂勤未知所以拯救之術而求言于臣等黨猶狃習故

態用猥并之辭取塞詔旨而已豈臣等事君之義而陛

陵陽先生詩四卷

清初朱絲欄鈔本
DC0231一册

宋韓駒撰。

韓駒(1080—1135),字子蒼,號牟陽,陵陽仙井人。官中書舍人、江州知州。

書高24.3釐米,寬15.5釐米。版框高18.8釐米,寬13.3釐米。每半葉十行,行二十二字。朱絲欄,白口,單白魚尾。版心魚尾下方記"陵陽詩"及卷次,又下記葉次。書末題"丙子秋孟録力行堂甲辰二月重抄本子"。不避清諱。

卷一首葉第一行頂格題"陵陽先生詩卷一",下空五格題"江西詩派",第二行題"中書舍人韓駒子蒼",第三行起正文。

書首有"陵陽先生詩集目録"。

原書衣墨題"宋韓子蒼陵陽集四卷一本/同治乙丑四月廿又二夕柳泉題"。目録後有同治己巳徐時棟題記,鈐"柳泉"朱印。書中鈐"高邁盦祕笈之印"、"菴羅菴"、"何元錫印"、"城西草堂"、"樹程之印"、"煙蘿子"、"徐時棟祕笈印"、"柳泉書畫"、"髥"、"菴羅菴主"、"大倉文化財團藏書"朱印。

陵陽先生詩卷一

中書舍人韓駒子蒼

江西詩派

古詩

上陳瑩中右司生日詩

悠悠大塊間萬類紛相歊偉哉拔俗人真宰豈無力六經
陷邪說諸儒用一律天未喪斯文公生抱絕識著書羅古
今射策開胃臆前輩歘欲盡後來昧所適天將激頹波公
生秉孤直敷諫難居中三已無慍色海宇屬無虞天工或
曠職天實佑皇帝公生蘊奇德培壅棟梁姿一旦比王國
禁網雖小寬疲俗未全逸天惟念我民公生冨才術簸揚

陵陽詩卷一　　　　　　　　　　　　　一

茶山集八卷

清乾隆四十一年（1776）武英殿聚珍本
DC0241二册

宋曾幾撰。

曾幾（1085—1166），字吉甫，自號茶山居士。其先贛州人，徙居河南府。歷任江西、浙西提刑、秘書少監、禮部侍郎。

書高28釐米，寬17.3釐米。版框高18.8釐米，寬12.4釐米。每半葉九行，行二十一字，小字雙行，字數同。白口，單黑魚尾，四周雙邊。魚尾上方記“茶山集”，下方記卷次，又下方記葉次，版心下方背面記校者姓名。目録題名下題“武英殿聚珍版”。

卷一首葉第一行題“茶山集卷一”，第二行題“宋曾幾撰”，第三行起正文。

書首有乾隆三十九年“御製題武英殿聚珍版十韻有序”，“茶山集目録”，目録後有乾隆四十一年陸錫熊等校上案語。

書中鈐“大倉文化財團藏書”朱印。

茶山集卷一

宋 曾幾 撰

五言古詩

尋春次曾宏甫韻〔森〕曾宏甫名惇逖宋光宗諱以
字行紆之子鞏之姪孫陳振孫
書錄解題曾氏三望最初溫陵公亮次南豐鞏兄
弟其後則幾之族集中贈宏甫必冠以曾盖以
同姓不
宗之意

春山數峯青春水一溪綠幽尋山水間物物可寓目花

香若三薰柳色若新沐吾儕幸閒放晴畫頗連屬胡爲

深閉門終日仰看屋嘉招儻亟拜豈敢憚僕僕請君攜

筠谿集二十四卷筠谿樂府一卷

清鈔本

DC0239二函十二册

　　宋李彌遜著。

　　李彌遜（1085—1153），字似之，號筠西翁、筠溪居士、普現居士等，吳縣人。大觀三年進士，官至漳州知州。

　　書高27.8釐米，寬17.6釐米。每半葉九行，行二十一字。版心上方記"筠谿集"，中記卷次，下方記葉次。

　　卷一首葉第一行題"筠谿文集卷第一"，第二行題"連江李彌遜似之著"，第三行起正文。

　　書首有嘉定四年樓鑰"筠谿先生文集序"，"筠谿先生家傳"，"筠谿先生文集目錄"。"文集"後有嘉定辛未李珏跋。

　　書中鈐"潘恭辰印"、"紅茶"、"大倉文化財團藏書"朱印。

筠谿文集卷第一

奏議　　　　　　　　　　連江　李彌遜似之著

紹興五年被召上殿第一劄子

臣聞光武起南陽一年而破新室肅宗起靈武一年而
復兩京元帝起建康數月而君臣之礼定遂成東晉之
基事雖不同皆謀深志定力行而不懈故功敘之成如
此其速也竊惟國家之患振古未聞天佑宋德陛下興
起于艱難之中以陛下英睿神武何嘗並駕漢唐之君

筠谿集　　卷一　　　　　　　　　　　一

鄭忠愍公北山文集三十卷附敕跋一卷誌銘一卷題跋一卷

清初鈔本

DC0238三冊

宋鄭剛中著。

鄭剛中 (1088—1154), 字亨仲, 婺州金華人。登紹興進士甲科, 累官四川宣撫副使, 官至資政殿學士。

書高26.2釐米, 寬17釐米。無行欄。每半葉十行, 行二十二字。版心中部記 "北山文集", 下方記葉次。

卷一首葉第一行題 "鄭忠愍公北山文集卷之一", 第二至三行題 "宋資政殿學士賜紫金魚袋進爵邑侯諡忠愍公北山鄭剛中著", 第四行起正文。目録首葉第一行題 "鄭忠愍公北山文集初集目録卷之一", 第二至三行題 "宋資政殿學士賜紫金魚袋進爵邑侯諡忠愍公北山鄭剛中著", 第四至五行題 "後學潘桂/徐木盛全輯", 第六行目録。

書首有咸淳丁卯李貫 "鄭忠愍公北山遺集序", 紹興甲子自敍, 至正十八年宋濂撰 "北山集凡例", 乾道癸巳仲夏朔日鄭良嗣識語, "宣撫資政鄭公年譜", "鄭忠愍公傳", "鄭忠愍公北山文集目録"。

書衣書籤墨題 "北山集甲申穜日得之璃坊"。書根墨題 "北山集" 及冊次。書首有甲申五月八日雨窗録 "四庫全書總目提要/北山集"。書中鈐 "謙牧堂藏書記"、"兼牧堂書畫記"、"東武李氏收藏"、"李禮南藏書印"、"大倉文化財團藏書" 朱印。

鄭忠愍公北山文集卷之一

宋資政殿學士賜紫金魚袋進爵郕侯諡忠愍公北山

鄭剛中著

論治道人材疏

臣聞人主未嘗不欲求言嘗患言之難聽論事者未嘗不

欲言之行嘗患言之難入漢文帝謂張釋之曰卑之毋甚

高論令人可行也後來學者多指以過文帝謂其不能抗

志遠大而限言以卑少也嗚呼甚髙之論詎可聽哉大不

不觀時小不揆事辨博之說縱之於三皇五帝之上而濟

用之寔常若玉卮之無當是果何益文帝戒釋之未為過

北山文集 一

簡齋詩集十五卷

明初刻本

DC0242一函六册

宋陳與義撰。

陳與義（1090—1138），字去非，號簡齋，河南洛陽人。政和三年上舍甲科，官至參知政事。

書高27.4釐米，寬17.5釐米。版框高18.95釐米，寬14.1釐米。每半葉十行，行十八字。上下細黑口，單黑魚尾，左右雙邊。魚尾下方記"簡齋"及卷次，又下方記葉次。

卷一首葉第一行題"簡齋詩集卷之一"，第二起正文。

書首有劉辰翁撰"簡齋詩集序"，"簡齋詩集目錄"。書末有玄黙敦牂晦齋"簡齋詩集引"。

書尾襯葉墨題"宣統辛亥八月從授經京卿叚觀仁和吳昌綬記"，鈐"仁和吳昌綬伯宛甫印"朱印。書中鈐"守山同印信"、"同山眼福"、"拙盦經眼"、"白雲紅葉盦藏書畫之章"、"海豐張守同印"、"大倉文化財團藏書"朱印。

簡齋詩集卷之一

賦三首

覺心畫山水賦

天寧堂中黃面老禪四海無人碧眼視天有一
居士山澤之仙結三生之習氣口不停乎說山
聊寄蒼於一笑夜乃夢乎其間重巖複嶺巋嶷
吐吞紛應接其奈了萬雲忽芳歸忽亂晦明於
俄頃存十二之峯巒山庸木僵露後樵斤所難飽千
霜與百霆根不動而意窅謇山祇之落日送萬
古以無言彼襆焉其何知方相急而破煙須臾變

歐陽脩撰集八卷

清乾隆鈔本

DC0233一函三冊

宋歐陽澈著。

歐陽澈(1097—1127），字德明，撫州崇仁人。宋高宗即位南京，伏闕上封事，極詆用事大臣，遂見殺；後追贈秘閣修撰。

書高27.7釐米，寬18.2釐米。無行欄。每半葉十行，行二十字。

卷一首葉第一行題 "歐陽脩撰集卷第一"，第二行空三格題 "奏議上"，下空一格題 "宋崇仁縣西耆歐陽徹德明著"，四庫館臣塗改 "徹" 為 "澈" 字。第三行起正文。

書首有紹興二十六年吳沆序，嘉定甲申胡衍序，永樂丁亥李至剛序，永樂十五年王克義序，洪熙元年吳溥序，萬曆四十二年吳道南序，湯顯祖序，"歐陽脩撰集目録"。書末有永樂丙申唐光祖 "歐陽脩撰集後跋"，嘉靖七年跋。

闕卷八。

書中多處為四庫館臣塗改。書中鈐 "翰林院印"（滿漢文）、"篤生經眼"、"大倉文化財團藏書" 朱印。

案語：此即《四庫全書》據以鈔録之底本。

歐陽脩撰集卷第一

⑧奏議上 宋崇仁縣西眷歐陽脩德

00上

皇帝萬言書

江西撫州崇仁縣布衣臣歐陽脩謹昧死再拜望北

上書獻于

皇帝陛下臣聞履大寶之尊位而能從諫如流樂取

于人以為善者人君之德也當國家危急之際而能

奮不顧身敢為人所難者人臣之義也忘市衣之賤

而盡忠竭節以干斧鉞之誅者知死有輕于鴻毛也

方舟集二十四卷

清鈔本

DC0243一夾板八册

宋李石撰。

李石（1108—？），字知幾，資州人。曾任太學博士。

書高28.8釐米，寬17.8釐米。版框高18.5釐米，寬14釐米。每半葉九行，行二十一字。白口，單黑魚尾，四周雙邊。魚尾上方記"方舟集"，魚尾下方記卷次，版心下方記葉次。

卷一首葉第一行題"方舟集卷一"，第二行題"宋李石撰"，第三行起正文。

書首有乾隆五十年四庫館臣撰提要。

書根墨題"方舟集"及册次。書中鈐"巴陵方氏碧琳琅館藏書之印"、"巴陵方氏功惠柳橋甫記"、"方家書庫"、"大倉文化財團藏書"朱印。書衣鈐"四庫著録本"、"巴陵方氏珍藏"印記。

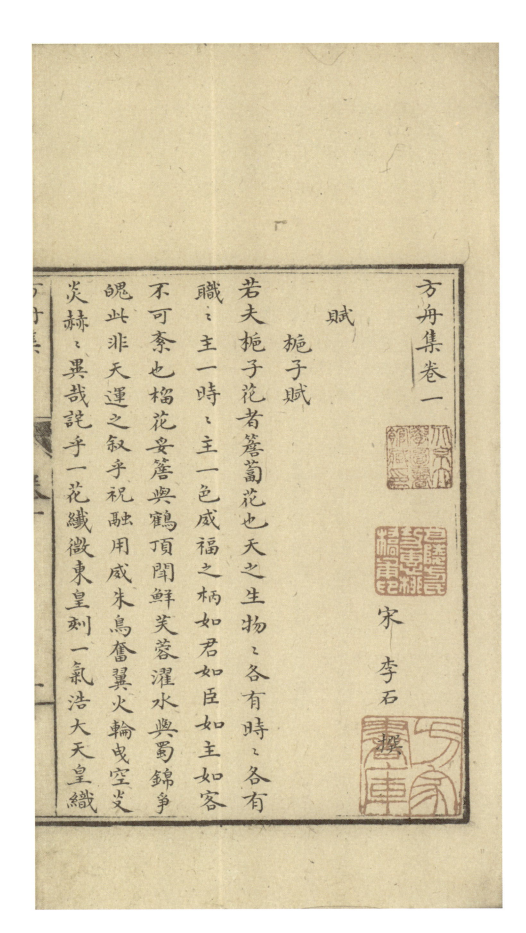

方舟集卷一

宋　李石撰

賦

梔子賦

若夫梔子花者簷蔔花也天之生物之各有時之各有
職之主一時之主一色咸福之柄如君如臣如主如客
不可奈也榴花要簷與鶴頂聞鮮芙蓉濯水與蜀錦爭
睍此非天運之叙乎祝融用咸朱鳥奮翼火輪曳空炎
炎赫之異哉詫乎一花纖微東皇剝一氣浩大天皇織

艾軒先生文集十卷

明正德辛巳（十六年，1521）鄭岳刻本
DC0244—函六冊

宋林光朝撰。

林光朝（1114—1178），字謙之，號艾軒，興化軍莆田人。隆興元年進士，累遷廣西提點刑獄，國子祭酒。後以集英殿學士出知婺州。引疾，改提舉江州太平興國宮。卒諡文節。

書高27.2釐米，寬16.9釐米。版框高18.8釐米，寬13.3釐米。每半葉十行，行十九字。白口，單黑魚尾，四周單邊。魚尾下方記"艾軒集"及卷次，版心下方記葉次。

卷一首葉第一行題"艾軒先生文集卷之一"，第二行起正文。

書首有正德辛巳林見撰"艾軒文選序"，劉克莊撰"艾軒先生文集舊序"，淳祐十年林希逸撰"鄱陽刊艾軒集"。書末有正德辛巳鄭岳撰"艾軒文選後序"，正德辛巳雷應龍"跋艾軒文集後"。

書中鈐"鄭氏注韓居珍藏記"、"注韓居士"、"鄭杰之印"、"子孫永寶"、"陳恭甫藏楊雪滄得"、"侯官楊浚"、"內史之章"、"大倉文化財團藏書"朱印。

艾軒先生文集卷之一

詩類

五言古

艾翁不但道學倡莆詩亦莆之祖用
字命意無及者後村雖工深厚不及
翁程叔子之流
记族孫孫俊

送別湖北漕李秘監仁甫

文字耽煙雲過眼徒浩〻所有未見書惜哉吾已
老子雲容長安陳迹如一掃同叔向来人我生苦
不早亦聞青城山斯翁為有道瞿塘不可上秋夢
長顛倒白日来西崑一見自應好縱譚百代前至